¡Sssssshhhhhhhhhhh!

Haz del teatro algo íntimo

Llévalo siempre en el bolsillo

Cubierta y diseño editorial: Éride, Diseño Gráfico
Dirección editorial: ángel jiménez

Primera edición: septiembre, 2024

la última noche
Lo(r)ca's
© Juan López-Tagle
© VdB, 2024
Espronceda, 5
28003 Madrid

VdB

ISBN: 978-84-19850-69-0
Depósito Legal: M-20228-2024
Diseño y preimpresión: Éride, Diseño Gráfico

 Este libro protege el entorno

la última noche
(Hamlet, el intérprete)

Juan López-Tagle
(Madrid, 1980)

Actor, director y docente teatral, formado principalmente con John Strasberg y con maestros como Will Keen, Juan Carlos Corazza, Raquel Pérez, Andrés Lima o Arnold Taraborrelli (cuerpo escénico).

Como actor ha participado en los largometrajes *The Man who killed Don Quixote* de Terry Gilliam, *El Aviso* de Daniel Calparso-ro, *Es por tu bien* de Carlos Theron, *Temporal* de Catxo Lopez y *El sueño de Iván* de Roberto Santiago, entre otros; y en numerosas series de TV como *Pequeñas Coincidencias* de Amazon Prime Video y Atresmedia Estudios, *Servir y Proteger* de TVE, *Amar es para siempre* (Diagonal TV), *El Caso* (Plano a plano), *Cuéntame cómo pasó* (Ganga), *Velvet* (Bambú) o *La que se avecina* (Contubernio).

En teatro sus principales montajes han sido *La Partida* de Óscar Sanz Cabrera, *Been so long* dirigida por Juan Codina, *Noches de Acero* de Saúl F. Blanco, *Mucho Ruido y Pocas Nueces* (Festival Almagro OFF 2012), *Curro Vargas* dirigida por Graham Vick en el Teatro de la Zarzuela y el monólogo escrito y dirigido por él mismo *La Última Noche* estrenado en Madrid en 2021.

Es creador y director de Mesina Troupe, compañía y centro de Estudios e Investigación Teatral, en 2012.

Como docente ha impartido numerosos talleres sobre acción en la escena para actrices y actores profesionales en España, México y Alemania.

Como director ha llevado a cabo numerosos montajes entre los que destacan *Mucho Ruido y Pocas Nueces* de W. Shakespeare, que participo en el Festival Internacional de Teatro Clásico de Almagro 2012, *LO(r)CA'S* dramaturgia propia a partir de las obras Federico García Lorca y *La ultima noche* escrita a partir de Hamlet de W. Shakespeare.

Juan López-Tagle

la última noche
(Hamlet, el intérprete)

Esta obra se estrenó en la sala Nueve Norte
el 26 de noviembre de 2021 interpretada por
Juan López-Tagle.

Dirección: Juan López-Tagle.

Personajes

El ACTOR en el escenario.
El INTÉRPRETE que desea llegar a ser.
HAMLET el personaje que desea interpretar.

Y, en realidad, los tres son la misma persona.

1 🧍

Escena

El actor sale al escenario cubierto con muchísimos pares de zapatos y habla con el público.

1.
Intro.

La noche en que murió mi padre tomé la decisión más importante de mi vida. Decidí ser actor. Cuando era niño y mis padres tenían reunión de amigos en casa, yo me ponía el traje de los domingos, me engominaba el pelo, enchufaba un micrófono en la vieja cadena de música y actuaba para ellos en el salón. Recitaba parte de libros que me había aprendido, cantaba canciones y ellos aplaudían. Hace poco me encontré con un amigo de mi padre y me dijo que lo hacía bastante mal, sobre todo lo de cantar, pero aun así aplaudían y yo me volvía tan contento a mi habitación.

Cuando me enteré del accidente aquella noche, decidí dedicar mi vida a perseguir ese sueño que se gestó en aquel salón y que nunca me había atrevido a contárselo a nadie. Pero yo había visto a un tipo correr la final de los 400 metros lisos en unas olimpiadas... sin piernas. Así que, aquella noche, tenía muy fuerte, aquí dentro, la idea de que cualquier cosa es posible si eres capaz de imaginarla. Y tuve muy claro que no iba a esperar ni un segundo más para hacer lo que realmente quería hacer.

Cuando salíamos de la morgue, había un pasillo muy largo con un espejo, me paré, me miré y me juré a mí mismo que me dejaría la vida por conseguir que mi sueño fuera realidad.

(*Pausa.*)

Y así ha sido hasta el día de hoy.

Pero no puedo más. Estoy agotado. Es demasiado difícil.

Por eso hoy, aquí, con vosotros es la última vez que me subo a un escenario. Hoy es la última noche. Porque hoy, aquí, con vosotros… voy a morir.

2.
Dinamarca.

INTÉRPRETE   ¡Mamá! Es lo que quiero hacer. No sé por qué te cuesta tanto entenderlo. ¡No voy a esperar a que un accidente me quite definitivamente la posibilidad de ni siquiera intentarlo!

MADRE   Hijo tienes que entender que la vida no es fácil. Hay que estar preparado. Tu padre y yo hemos trabajado muchísimo para que tú puedas estudiar una carrera como dios manda y tener un futuro prometedor.

INTÉRPRETE   ¿Qué futuro prometedor? No existe el futuro, mamá. *Carpe diem.* Solo hay el aquí y el ahora.

MADRE   Pues mira ahora no sabemos qué va a pasar en casa, no sabemos si económicamente vamos a poder sobrevivir sin tu padre. Así que haz el favor de estudiar una carrera «normal» y luego ya, si eso, haces teatrito y pruebas suerte. (*Pausa.*) Tú ahora estás en shock, estás triste por la muerte de tu padre, y no puedes pensar con claridad. Tienes que hacer caso a los mayores para seguir adelante. Tu padre te lo decía todo el rato. ¿Por qué no hablas con él?

INTÉRPRETE ¡Porque mi padre está muerto! ¡Y ya no puede hablar, hostia! A él sí que se le ha acabado el tiempo, ¿es que no lo veis? y el tiempo es lo único que no vuelve, ¡coño!

TÍO Tu madre solo quiere lo mejor para ti, no seas desagradecido ni le hables mal, está luchando muchísimo para que tú seas feliz, así que deberías callarte, hacerle caso y darle las gracias.

INTÉRPRETE ¡Ya! Pero tú no eres mi padre. Tú eres mi tío. ¡Así que el que debería callarse eres tú! Y no voy a ser feliz como a vosotros os dé la gana. Dejadme en paz.

MADRE Hijo siento ser yo quien te lo diga a la cara, pero mira a tu alrededor, mira a tus primos, a tus amigos... todo el mundo lo piensa, pero nadie se atreve a decírtelo. ¿Tú realmente crees que eres capaz de interpretar a... Hamlet, por ejemplo, como la última vez que fuimos al teatro con tu padre? Hijo tú eres débil. Siempre has sido débil y ahora aún más. Lo siento, sé que la realidad es dura, pero tú no tienes el carácter. Hijo, tú no vales para ser actor.

3.
El sueño. (Hamlet).

Hamlet, príncipe de Dinamarca, es el personaje que cualquier actor sueña con interpretar algún día. Interpretar a Hamlet en un gran teatro metafóricamente supone la culminación del proceso de convertirse en actor.

¿Alguna vez habéis tenido un sueño? Un sueño de verdad... No hace falta que me contestéis.

Hamlet es el sueño... por cierto, ¿alguno no conoce la historia de Hamlet? Dejadme que os la cuente en tres minutos, el que se la sepa puede sacar el móvil, hacer fotos, twittear y lo que quiera, y si es sobre la obra mejor, así hacéis ruido.

(*El* Interprete *reparte los personajes entre diferentes espectadores mientras narra la historia.*)

«Cuando empieza la obra, Gertrudis, la madre de Hamlet, se casa con Claudio, su tío, poco después de la muerte del rey Hamlet, su padre, y se convierten en los nuevos reyes. Canteo. Hamlet está muy chinado, porque además no entiende cómo nadie dice nada y a todo el mundo le parece bien esa aberración. Está enfadado con el mundo y entonces, justo, se le aparece el fantasma de su padre y le dice que en realidad fue su tío Claudio el que lo asesinó echándole veneno por el oído mientras dormía y le pide que lo vengue, matándolo.

»Hamlet le jura que lo va a hacer pero tiene una mezcla de cabreo, duda y un «no saber qué coño hacer» por lo que todo el mundo empieza a sospechar que algo le pasa y lo miran raro, lo cual es peor y aumenta su mal rollo. Incluso su novia, Ofelia desconfía y él también desconfía de ella, porque sabe que ella le va a contar cualquier cosa que le diga a su padre, Polonio, el chambelán del reino –para los que habéis visto GOT, la «Mano del Rey» o el «pelota oficial» del nuevo rey, Claudio–. Efectivamente Ofelia le cuenta a Polonio que Hamlet está raruno y el chivato le va con el cuento a los reyes y les dice que Hamlet está tarado.

»Entonces llega al palacio, Elsinor, una compañía de actores que va a representar una obra sobre un asesinato y a Hamlet se le ocurre pedirles que cambien un poco la obra para que el asesinato se produzca justo echando veneno en el oído de la víctima y así comprobar si lo que ha dicho el fantasma es verdad.

»Porque él sigue dudando y no sabe qué hacer ya que matarlo no es la mejor solución moralmente y todo es una movida y sufre y se quiere incluso suicidar y quitar de en medio y ser o no ser…

»Entonces, al ver la obra de teatro, Claudio se delata como asesino y Hamlet por fin va a matarlo, pero justo en ese momento lo pilla rezando y arrepintiéndose y decide no hacerlo con una excusa barata, que en realidad lo que pasa es que no se atreve, porque tiene miedo de que luego venga el karma con el carrito de los helados. Y en cambio se va a echarle en cara a su madre todo, y cuando está con ella escucha un ruido detrás de la cortina, y apuñala por error a Polonio que estaba ahí escondido espiando como una rata y lo mata pensando que era Claudio.

»Claudio, acojonado, destierra a Hamlet a Inglaterra y ordena matarlo al llegar, pero por el camino lo liberan unos piratas y se entera del plan de Claudio y se vuelve a Dinamarca. Al llegar se encuentra con el entierro de Ofelia, que se ha suicidado ahogándose en un río. Impactado por la muerte, tiene la famosa escena en el cementerio con la calavera de Yorik, que era el bufón del rey cuando él era pequeño.

»Entonces aparece Laertes, hermano de Ofelia e hijo de Polonio lo reta a un duelo para vengarse y junto con Claudio le hacen un complot, envenenan las espadas y una copa de vino que luego se bebe Gertrudis. Hamlet acepta el duelo y al final… se mueren todos».

Los de los móviles ya podéis volver.

Así que me surge una pregunta: ¿realmente un sueño merece la pena si te cuesta la vida por el camino?

Poco después de la muerte de mi padre, me apunté a una escuela de interpretación y empecé a estudiar como quien empieza a estudiar chino. Me sentía como un niño pequeño al que llevas a unos grandes almacenes y lo sueltas en la sección de juguetería y tras la emoción del principio se da cuenta de que sus padres no están, y le empiezan a temblar las piernas y le falta el aire y siente que nunca más volverá a encontrar el camino de vuelta a casa.

Siempre que uno genera un deseo, automáticamente genera un miedo. Los seres humanos somos una mezcla entre nuestros deseos y nuestros miedos. Se produce dentro de nosotros una batalla campal que va definiendo nuestro destino. En esa batalla el miedo tiene muchos disfraces y muchos aliados que generalmente se manifiestan a través de tu entorno.

Cuando uno elige perseguir un sueño aparentemente imposible, el entorno se convierte en una especie de casa de los horrores… el entorno se convierte en… Dinamarca.

El ejército invencible de Dinamarca está formado por fantasmas a los que es casi imposible derrotar. Porque los fantasmas no existen, no son reales, pero el miedo que generan, sí. Y si en esa batalla el miedo gana, al final lo que queda, siempre, es la muerte.

«Hijo, tú no vales para ser actor», fue el primer fantasma de mi batalla.

4.
Estalla corazón.

HAMLET   ¡Ojalá que esta carne tan firme, tan sólida, se fundiera y derritiera hecha rocío, o el Eterno no hubiera promulgado una ley contra el suicidio! ¡Ah, Dios, Dios, qué enojosos, ¡rancios, inútiles e inertes me parecen los hábitos del mundo!

¡Me repugna! Es un jardín sin cuidar, echado a perder: invadido hasta los bordes por hierbas infectas. ¡Haber llegado a esto! Muerto hace dos meses... No, ni dos; no tanto.

Un rey tan admirable, un Hiperión al lado de este sátiro, tan tierno con mi madre que nunca permitía que los vientos del cielo le hiriesen la cara. ¡Cielo y tierra!

¿He de recordarlo? Y ella se le abrazaba como si el alimento le excitase el apetito; pero luego, al mes escaso...

¡Que no lo piense! Flaqueza, te llamas mujer. Al mes apenas, antes que gastase los zapatos con los que acompañó el cadáver de mi padre como Níobe, toda llanto, ella, ella –¡Dios mío, una bestia sin uso de razón lo habría llorado más!– se casa con mi tío, hermano de mi padre, y a él tan semejante como yo a Hércules; al mes escaso, antes que la sal de sus lágrimas bastardas dejara de irritarle los ojos, vuelve a casarse. ¡Ah, malvada prontitud, saltar con tal viveza al lecho incestuoso!

Ni está bien, ni puede traer nada bueno. Pero estalla, corazón, porque yo debo callar.

5.
Shakespeare y Petrovic.

Shakespeare escribía de manera que el público era un personaje más de la función. Participaba activamente de lo que pasaba en el escenario. Como los niños cuando ven títeres y avisan a la princesa de que viene el dragón. Emitían su juicio abiertamente, como si fueran hinchas de futbol, y apoyaban o atacaban a los personajes en función de lo que estos hacían y decían. Y los personajes, conscientes de esta presencia, luchaban constantemente en el escenario por conseguir su aprobación y su apoyo. Necesitaban que el público estuviera en su equipo. Que fueran sus fans.

Por eso en el teatro Isabelino del siglo XVI, los monólogos no eran en realidad monólogos, eran diálogos con el público que los personajes utilizaban para explicarse, excusarse o hacer campaña política.

Hamlet, por ejemplo, necesita que entendáis que ¡todo esto es una movida! Su padre se ha muerto hace dos meses y su madre y su tío se están comiendo la boca, en su boda, delante de todos y sin que él pueda decir nada... ¿¡Estamos locos!? ¡¡¡Que se acaban de casar!!! ¿Hay alguien que no entienda que esto está feo? ¡Es de coña! ¡Dos meses!!!

Bueno no, ¿os acordáis del monólogo que dice «dos meses», «mes escaso» «mes apenas»? ¿Alguno piensa que Hamlet no sabe exactamente cuánto hace que murió su padre cuando sale a hablar con vosotros? Shakespeare es un genio. A Hamlet le da miedo que penséis que es un exagerado, o que no le creáis, o que no entendáis la magnitud de la movida, por eso no concreta el tiempo exacto, aunque lo sepa perfectamente; ¿lo habéis hecho alguna vez?

Los personajes necesitan a su público y a la vez lo temen.

Por cierto, ¿os puedo pedir un favor? Si en algún momento a lo largo de la función me acerco a ti y te pido ayuda, ¿podrías decir en alto para que se enteren todos «yo no puedo ayudarte»? ¿Y tú?, ¿si te lo pido, podrás hacerlo? ¿Alguno más? Muchas gracias.

Los personajes necesitan apoyo ¡Tenéis que entender que no es fácil saber que el público ha venido a juzgarte y que la obra se llama como tú… genera mucha presión!

Un día, con ocho años, al salir de un partido de fútbol, tenía mucha rabia porque el entrenador me había dejado por fin tirar un penalti y me puse tan nervioso que lo fallé. Mi padre, en el coche volviendo a casa, me hablo de Petrovic. «¿Quién es?», le dije. «El tío que más triples mete del mundo por partido», me dijo. Y yo me enfade más porque me estaba hablando de baloncesto y yo lo que quería era meter goles no triples. Entonces me contó que este Petrovic se quedaba después de cada entrenamiento tirando triples y no se iba a casa hasta que metía quinientos. «¿Y qué?», le dije. «Que si quieres manejar la presión la única manera es estando preparado. Y prepararse cuesta un huevo y la yema del otro». «Un huevo y la yema del otro», decía.

Petrovic también falleció en un accidente de tráfico en el que no conducía él.

Cuando conseguí mi primer casting, ese con el que le iba a dar a mi madre y a todos los demás en las narices, no dejaba de pensar en Petrovic tirando triples y en mi padre diciendo «un huevo y la yema del otro». Yo ya me veía en el escenario. Fui al casting con un compañero de clase. Fuimos en bus.

6.
Casting.

En el autobús.

EL ACTOR   Yo voy a hacer el de después de la boda, el del coño de la madre... el coño... hombre, «es un jardín sin cuidar, echado a perder, invadido hasta los bordes por hierbas infectas», ¿de que te crees que está hablando? ¿Y tú? ¿Ser o no ser? No hombre, eso lo va a hacer todo el mundo, hay que ser diferente, sorprender al director.

(En el casting.)

«¿Ser o no ser? No, yo me he preparado otro. ¿Que el ser o no ser era obligatorio?

(En el autobús.)

¿Tú lo sabías? ¿Por qué no me lo dijiste? Él quería el personaje para él. Y solo había trabajo para uno. Yo lo consideraba mi amigo y sin embargo me traicionó.
    La gente no es mala, solo tiene miedo.

(En el casting.)

Vale sí, sí, voy… (*Intenta hacer el «ser o no ser» pero no se lo sabe.*) Es que me he confundido y había elegido otro monologo… el del coño… digo, el de después de la boda… vale voy… no, no quiero agua, gracias, muchas gracias…».

Me empezaron a temblar las piernas, me faltaba el aire… no fui capaz de decir una sola de las palabras que debería haber repetido más de quinientas veces. Recogí mis cosas muerto de vergüenza y de fracaso, y sabiendo que aquel penalti no podría tirarlo nunca más. Y temiendo que quizás mi madre tenía razón, yo no servía para esto.

Era la profecía autocumplida. El ejercito de Dinamarca había ganado y había hecho realidad lo que más temía, mis peores pesadillas. En aquel autobús me sentía solo y hundido.

Ojalá pudiera hablar con mi padre, pedirle consejo y ayuda, aunque estuviera muerto. Como Hamlet. Un fantasma que apareciera y estuviera en mi ejército. ¿Por qué no creer en fantasmas cuando estos te dicen exactamente lo que quieres oír? ¡Claro! Un fantasma que me hiciera recordar lo que me había jurado a mí mismo. Un fantasma que me animara a luchar y a transformar la frustración y el fracaso en la rabia contra los demás por no apoyarme ni entenderme.

7.
Lo he jurado.

HAMLET   ¡Ah, legiones celestiales! ¡Ah, tierra! –¿Qué más? ¿Afiado el infierno? ¡No!–. Resiste, corazón, y vosotras, mis fibras, no envejezcáis y mantenedme firme. ¿Acordarme de ti? Sí, pobre ánima, mientras resida memoria en mi turbada cabeza. ¿Acordarme de ti? Sí, de la tabla del recuerdo borraré toda anotación ligera y trivial, máximas de libros, impresiones, imágenes que en ella escribieron juventud y observación, y solo tus mandatos vivirán en mi libro del cerebro, sin mezcla de asuntos menos dignos. ¡Sí, sí, por el cielo! ¡Ah, perversa mujer!

¡Ah, infame, infame, maldito infame sonriente! Mi cuaderno, mi cuaderno; he de anotarlo: uno puede sonreír y sonreír, siendo un infame. Al menos, seguro que es posible en Dinamarca. Bueno, tío, ahí tienes. Y ahora, mi consigna: «adiós, adiós, acuérdate de mí.»

Lo he jurado.

8.
Terapeuta.

Interrumpiendo.

TERAPEUTA   ¿Qué es lo que has jurado? ¿Quieres, de una vez, hablar de ti?

INTÉRPRETE   Estoy hablando de mí, Jordi.

TERAPEUTA   No, estás hablando de Hamlet. Y llevas ya tres sesiones igual.

INTÉRPRETE   Para eso está la terapia, ¿no? ¡Claro! Para explicarte que ahora más que nunca estoy encendido. Lo vi claro el otro día. ¡No me sale de las pelotas darle la razón a los que dicen que no valgo! Si fallé en el cásting aquel es porque no había tirado quinientos triples, ¿entiendes? Tengo que esforzarme más, pero ¡cualquiera es capaz de cualquier cosa que se proponga! ¡No puedo permitir que nadie me diga lo que puedo o lo que no puedo hacer!

TERAPEUTA   ¿Estás seguro de que eran quinientos?

INTÉRPRETE   ¡Qué más da! Quinientos, mil... ¡los que sean!

TERAPEUTA   No, no es lo mismo quinientos que mil. ¿Podemos hablar de cómo fue aquella conversación con tu padre?

INTÉRPRETE   ¡Qué tiene que ver mi padre en todo esto! Ya hace más de cinco años que se murió.

TERAPEUTA   ¿Cinco años?

INTÉRPRETE   Sí, casi cinco. Bueno, cuatro. Cuatro y dos meses... ¡yo que sé! ¿qué coño da? (*Silencio.*) Mira, la muerte de mi padre no tiene nada que ver con todo esto. Eso ya pasó y por suerte me ayudó a tomar las decisiones que tomé. Pero ahora el problema es que no hay nadie que crea en mí, y creo que solo hago esto por llevar la contraria y así nunca seré feliz en toda mi vida. Cuando me miran todos con esa cara de desconfianza y de pena, me genera una cosa aquí dentro... me faltan las fuerzas.

TERAPEUTA   ¿No te das cuenta de que estás esperando que la gente confíe en ti antes de ofrecer nada en que confiar? Si te hubieran cogido en el cásting tu madre o tus amigos podrían confiar en ti, ¿no? Es egoísta depositar esa responsabilidad en ellos, ¿no crees?

INTÉRPRETE   Yo solo necesitaría que por una vez alguien me apoyara, y no hay nadie. Y ya sé que cada uno es el protagonista de su propio videojuego y tiene sus pantallas que superar... que nadie quiere joderme, pero yo, ¿qué hago con esta sensación? Siento que tengo hemofilia emocional. Me desangro.

TERAPEUTA   A lo mejor te has empeñado en un camino que no es para ti.

INTÉRPRETE   ¿Cómo?

TERAPEUTA   Que a lo mejor no tienes capacidades para todo lo que tú quieres.

INTÉRPRETE   ¡Que te follen! Salí de la consulta dando un portazo. Ese tipo me hacía dudar de mí mismo... y yo le pagaba para lo contario. Pero lo peor de todo es que lo consiguió.

9.
Una cosa es jurarlo y otra hacerlo.

Por primera vez dudé. ¿Y si me hubiera equivocado eligiendo un objetivo tan absurdo y utópico? ¿Y si realmente no tuviera capacidades? Entonces descubrí que no basta con desearlo o imaginarlo, ni con tener el valor de elegirlo, porque luego hay que currárselo. La última vez que viajamos juntos en coche, mi padre y yo tuvimos una discusión enorme.

(*En el coche.*)

H   Hay que soñar más. La gente trabaja mucho y se aburre esperando que le lleguen las vacaciones, pero no saben hacia donde van en la vida y eso les hace estar amargados. La gente está amargada. El esfuerzo en sí mismo no merece la pena si no tienes un objetivo que te ilusione.

PADRE   Sí, sí, vale... tú sueña todo lo que quieras pero, mientras, trabaja, esfuérzate, y sé perseverante. Y no me fumes en el coche.

H   ¡Que no, coño! ¡Que ese concepto de que cuanto más te esfuerces más feliz eres y más cerca estás de tu sueño es la mentira más grande que nos habéis colado! Porque incluso aunque tengas un sueño bonito, no por mucho trabajar nadie te garantiza que lo vas a lograr. Y luego vienen las frustraciones. El esfuerzo debería estar puesto en vivir en contacto con uno mismo y con tus deseos, y saber gestionar el sufrimiento y estar en paz.

PADRE Lo único que te da la paz es dejarte los huevos. Esta sociedad de mierda está obsesionada con triunfar y tener éxito, y los jóvenes lo queréis todo ahora, ya, pero se os olvida que el camino se hace andando. Hijo, uno tiene que hacer lo que tiene que hacer. Algún día me darás la razón.

Y entonces se reía. Me jodía infinito esa sonrisita suya de listillo. Me daban ganas de mandarle a tomar por culo. Me daban ganas de matarlo. Pero a lo mejor tenía razón. Ahora recordaba la discusión y me daba cuenta de que la capacidad de esfuerzo y de trabajo lo marca si tienes posibilidades de conseguir tus objetivos. No tienes que ver con la imaginación ni con el talento, si no con tener el coraje de hacer «lo que uno tiene que hacer». Por ejemplo, Hamlet ha jurado que matará a su tío y vengará la muerte de su padre. Pero una cosa es jurarlo y otra es hacerlo. Porque matar a Claudio es una movida. Ahora es el rey, tiene una corte de pelotas alrededor,

es el marido de su madre... Y sobre todo...
¡que se lo ha dicho un fantasma, coño! ¡No
puede saber si es verdad! ¿Cómo puede
confirmar si realmente es cierto? ¿Merece
la pena todo esto? Además, es que si Hamlet mata a su tío en el primer acto se acaba
la obra más representada del teatro univer-
sal y claro... ¿Vosotros a quien habéis venido a ver a mí o a Hamlet?

10.
Ser actor.

«¿Merece la pena todo esto si es tan difícil?». «¿Por qué quiero esto?». Me empezaron a atormentar esas preguntas. Me volvía loco. ¿Cómo podía saber si realmente lo que quería era eso? A lo mejor lo que quería solo era ser famoso. O a lo mejor quería tener mucho dinero y vivir en un yate. O las tres cosas. ¿Todo el mundo sabe lo que quiere?

Un día conocí a un actor muy famoso, de esos que ganan premios, tenía todo lo que significaba el sueño, lo poseía, es como si él lo hubiera inventado. Empezó a hablarme de lo mierda que era la industria, que no le daban los personajes que él quería, que no le pagaban lo suficiente, de lo dura que es la fama, que no podía ir por la calle tranquilamente por ser de izquierdas, la presión y la exigencia tan grande que tenía, que no sabía si con el último personaje le iban a machacar las críticas porque no había estado bien y el director era malísimo… ¡El tipo sufría! ¡Lo vivía mal! Y yo me reía, claro; pero después, lloraba. ¿Qué narices estaba haciendo yo ahí entonces? La clave es que «Todo el mundo sufre» porque nadie tiene lo que quiere. Nadie. ¿Nadie? Si aceptamos esto podemos seguir jugando.

Un día estábamos esperando un montón de actores en una sala de casting y la directora de casting, que tenía fama de estar locatis, salió, vio a todo el mundo y se puso a gritar: «¿qué hacéis aquí? Dedicaros a otra cosa. Ser actores no os hace especiales. Hay que ser masoca para elegir un oficio en el que estáis tan expuestos todo el día al juicio de los demás. En el deporte o la política se pueden medir los resultados y si te acompañan, puedes tener argumentos contra los que os desprecien. Pero en el arte, no. Solo la indiferencia o el desapego os puede salvar. Y eso solo lo da el tener mucho dinero. Y, además, pensadlo bien, si eres indiferente y las cosas no te afectan o no te importan, entonces ¿para qué queréis ser artistas? ¡El que tenga mucho dinero se puede quedar, el resto a la puta calle!».

Algo olía a podrido en Dinamarca. La vida no es una taza de MR. Wonderful. No tenía ganas de actuar. Me pasaba los días tirado en el sofá. ¿Cómo podía recuperar la convicción de que era eso lo que quería realmente? Entonces una noche tumbado en ese sofá viendo la tele lo vi en un programa de entrevistas: el actor famoso que había conocido aquella noche y que «sufría»…

ACTOR FAMOSO   Interpretar a Hamlet en el Teatro Nacional es una suerte y una gozada. El camino al éxito es difícil, solo se trata de caer y levantarse, y volver a caer y volver a levantarse, y así una y otra vez. Uno conoce la soledad, el dolor y el fracaso y lo lleva al escenario. Uno conoce momentos de amor, de goce y de sabiduría y lo lleva al escenario. Y uno puede reírse de su propia ridiculez y saber que eso es gracioso y también lo lleva al escenario. Porque este oficio es jodido, pero también es maravilloso. Solo tienes que estar convencido y creértelo. Casi tanto como si hubieras visto el fantasma de tu padre y te dijera que mataras a tu tío para vengar su muerte. (*Ríe con la ocurrencia. Pausa.*) Gracias, muchas gracias a vosotros por invitarme a este programa. Nos vemos en el teatro.

(*Apaga la tele.*)

11.
Hécuba.

HAMLET ¡Ah, qué innoble soy, qué misero canalla! ¿No afea mi conducta el que este actor, en su fábula, fingiendo sentimiento, acomode su alma a una imagen, al punto que su rostro palidezca, le broten lágrimas, el semblante se le mude, la voz se le entrecorte, y que aplique todo el cuerpo a la expresión de su imagen? Y todo por nada. ¿Por Hécuba? ¿Quién es Hécuba para él, o él para Hécuba, que le hace llorar? ¿Qué haría si tuviese el motivo y la llamada al sentimiento que yo tengo? Ahogar el teatro con sus lágrimas, atronar con su clamor los oídos del público, enloquecer al culpable y aterrar al inocente, pasmar al ignorante y suspender los sentidos de la vista y el oído. Mas yo, vil desganado, me arrastro en la apatía como un soñador, impasible ante mi causa y sin decir palabra; no, ni por un rey cuya vida, su bien más preciado, fue ruinmente aniquilada. ¿Soy un cobarde? ¿Quién me llama infame, me da en la cabeza, me arranca la barba y me la sopla a la cara, me tira de la nariz, me acusa de embustero en cuerpo y alma? ¿Quién? ¡Voto a...! Lo sufriría. Pues seguro que soy dulce cual paloma y no tengo la hiel que encona los agravios, que, si no, ya habría cebado a los milanos del cielo con la asadura de este ruin. ¡Canalla inhumano rijoso, sensual, desleal, desnaturalizado! ¡Oh, venganza! ¡Ah, qué torpe soy! Sí. ¡Buen lucimiento! Yo, hijo de un padre querido al que asesinan, movido a la venganza por cielo e infierno, como una puta me desfogo con palabras y me pongo a maldecir como una golfa o vil fregona. ¡Ah, qué vergüenza! Actúa, cerebro. He oído decir que unos culpables que asistían al teatro se han impresionado a tal extremo con el arte de la escena que al instante, han confesado sus delitos; pues el crimen, aunque es mudo, al final habla con lengua milagrosa. Haré que estos actores reciten algo como el crimen de mi padre en presencia de mi tío. Observaré sus gestos, le hurgaré la herida. Al menor sobresalto ya sé qué hacer. El espíritu que he visto quizá sea el demonio, cuyo poder le permite adoptar una forma atrayente; sí, y tal vez por mi debilidad y melancolía, pues es poderoso con tales estados, me engaña para condenarme. Quiero pruebas concluyentes: el teatro es la red que atrapará la conciencia de este rey.

12.
Eres un mierda.

Sí, tenía muchas ideas, pero no me movía de allí. Y ese fue mi error. Esperar en ese sofá a que algo o alguien me salvara. Poner mi objetivo en manos de otra cosa que no fuera yo. Esperar que algo pasara o que alguien viniera y confiara en mí por arte de magia. Pero la magia no existe, es solo otro de los sutiles disfraces del miedo. Esperar. Las cosas no pasan cuando esperas que pasen. Las cosas sencillamente no pasan solas. Esperar solo genera sufrimiento. Y esperando es imposible calmar el sufrimiento.

¡Eres un mierda!

No eres suficiente. No vales. No puedes triunfar. Vas tarde. Estas perdiendo el tiempo. Si esto te da miedo, no tienes agallas. Si no arrancas te vas a hacer viejo sin conseguir nada. Mientras los demás sí consiguen cosas. Los demás tienen suerte porque se mueven y tú estás ahí sin ser capaz de hacer otra cosa que darle vueltas al coco, y ver las redes sociales y estar triste y nostálgico. Eres un mierda que no tiene coraje. Hablas demasiado, llevas mucho tiempo hablando demasiado y luego no eres capaz de levantarte de la silla y demostrar que quieres algo. Todo el día anhelando lo que tienen los demás, quejándote de no tener la suerte que ellos tienen. Eres un mierda. Incluso la gente que te quería se ha cansado de ti porque pretendes convertirte en quien no eres sin hacer lo que sabes que tienes que hacer. Hablas de tener oportunidades, pero no eres capaz de generártelas y esperas que algo o alguien venga a ofrecértelas aun sabiendo que no las vas aprovechar. Porque...

¡Eres un mierda!

13.
Ser o no ser.

HAMLET   Ser o no ser, esa es la cuestión: si es más noble para el alma soportar las flechas y pedradas de la áspera Fortuna o armarse contra un mar de adversidades y darles fin en el encuentro. Morir: dormir, nada más. Y si durmiendo terminaran las angustias y los mil ataques naturales herencia de la carne, sería una conclusión seriamente deseable. Morir, dormir: dormir, tal vez soñar. Sí, ese es el estorbo; pues qué podríamos soñar en nuestro sueño eterno ya libres del agobio terrenal, es una consideración que frena el juicio y da tan larga vida a la desgracia. Pues, ¿quién soportaría los azotes e injurias de este mundo, el desmán del tirano, la afrenta del soberbio, las penas del amor menospreciado, la tardanza de la ley, la arrogancia del cargo, los insultos que sufre la paciencia, pudiendo cerrar cuentas uno mismo con un simple puñal? ¿Quién lleva esas cargas, gimiendo y sudando bajo el peso de esta vida, si no es porque el temor al más allá, la tierra inexplorada de cuyas fronteras ningún viajero vuelve, detiene los sentidos y nos hace soportar los males que tenemos antes que huir hacia otros que ignoramos? La conciencia nos vuelve unos cobardes, el color natural de nuestro ánimo se mustia con el pálido matiz del pensamiento, y empresas de gran peso y entidad por tal motivo se desvían de su curso y ya no son acción.

14.
Bloqueo.

La primera vez que pensé en acabar con todo tenía… diez años. Un psicólogo infantil decidió joderme un poco más la vida teniendo la genial idea de que mis padres, en una libreta, me pusiera puntuaciones cada noche en función de las cosas que iba haciendo bien o mal. Me sumaba puntos si hacia todas las tareas, si ponía y recogía la mesa, sacaba buenas notas, y todo lo que un niño de diez años puede hacer «bien»; y me los restaba si me equivocaba o hacía todo lo que un niño de diez años puede hacer «mal». Después yo podía canjear esos puntos por premios, del tipo «comprarme un helado» o «jugar al fútbol» o «ir al parque de atracciones» o muchas otras cosas lógicas que un niño de diez años quiere disfrutar. Aquella libreta era una cárcel. Me iba a dormir con angustia y desasosiego. Yo no quería tener que «merecer» todas esas cosas. Empecé a fantasear con tirarme por la ventana. Disfrutaba imaginando lo mucho que sufrirían mis padres al encontrarme allí muerto, llorando y arrepintiéndose de no haberme querido bien mientras estaba vivo.

Y ahora era igual.

La fantasía de acabar con todo era lo único que me permitía soportar el bloqueo, la incapacidad de accionar.

15.
Amor.

Entonces la conocí. Nunca antes me habían mirado así. Os lo juro. «Lo más grande que te puede suceder es que ames y seas correspondido». Entendí lo que decía Ewan Mcgregor en *Moulin Rouge*. Y me volví completamente loco. Tuve la sensación de que todo lo que había hecho en mi vida era para llegar a este momento, para encontrar eso. ¿Alguna vez os habéis sentido así? Era el amor puro. El amor, con mayúsculas. Me miraba y me estremecía. Todo lo que era capaz de imaginar y de soñar llevaba su nombre y sus ojos. Era increíble. Era maravillosa. Era preciosa. Me destrozó. Me olvidé de quién era. Me olvidé de mi sueño. Para mí ella era una huida hacia delante. Como una droga, igual. Pero es lo que tienen las drogas, cuanto más tienes, más quieres; cuanto más quieres, más necesitas; y cuanto más necesitas, más dependes, hasta convertirla en una adicción. Pero origen del problema, el bloqueo, la inacción, sigue ahí sin solucionar. Yo esperaba que ella me ayudara con eso. Pero ella no lo aguantó. Se cansó. Me dejó. Me abandonó. ¡Me dijo que me amaba pero que yo lo había estropeado todo! ¡Ella era la víctima! ¡Incluso al poco me soltó que si quería me daba otra oportunidad. ¡Ella a mí! Mira…

HAMLET ¡Vete a un convento! ¿Es que quieres criar pecadores? Yo soy bastante decente, pero puedo acusarme de cosas tales que más valdría que mi madre no me hubiese engendrado. Soy muy orgulloso, vengador, ambicioso, con más disposición para hacer daño que ideas para concebirlo, imaginación para plasmarlo o tiempo para cumplirlo. ¿Por qué gente como yo ha de arrastrarse entre la tierra y el cielo? Todos somos unos miserables: no nos creas a ninguno. Venga, vete a un convento.

Ahora sé que es imposible sostener a alguien, como yo, en ese estado y que me porté mal; pero yo, en ese momento, sentía que estaba siendo injusta conmigo. Y no podía detener esa sensación de angustia en el estómago.

16.
Juzgado de lo emocional.

¿Os imagináis que existiese un «juzgado de lo emocional»? ¡Un juzgado para solucionar los conflictos afectivos!

¡Bienvenidos al Juzgado de lo emocional! En el se pueden denunciar y juzgar las faltas de respeto, de lealtad, las decepciones, las mentiras, los desprecios, las traiciones... Puedes denunciar a tu novio o novia por irse con otro y encima echarte la culpa a ti o a tu hermano por no cogerte el teléfono y encima quejarse, a un taxista que te insulta cuando te cambias de carril o incluso a un camarero por poner mala cara cuando le pides el café –corto de café, con leche fría de soja y un vaso con hielo... y sacarina! Pero soy el cliente y ¡¡¡tengo derecho a que me pongas buena cara!!!–.

«Tienes derecho» a que te respeten y te traten como tú quieres que te traten. Todos esos «delitos» se condenarán con muestras de amor y cariño, petición de disculpas y firmando cheques de «garantía afectiva» por los cuales puedes considerar que si alguien decide dejar de quererte... «lo va a pagar caro»

(*Corte.*)

Si existiera, los abogados emocionales serían los reyes del mambo porque viviría-
mos en un juicio constante e infinito. Porque todos seríamos delincuentes. No hay
ningún ser humano que no haga algo que
no tenga un beneficio para sí mismo. El
hombre racional es egoísta por naturaleza.
La generosidad es falsa. Incluso la generosidad más pura, en el fondo, es egoísta.

(*Corte.*)

¡Sois todos unos hijos de puta! ¡No se puede esperar nada de nadie! ¡Me cago en la
puta hostia!

HAMLET

Ya es la hora embrujada de la noche en que
se abren los sepulcros y el infierno exhala
al mundo su infección. Ahora bebería sangre caliente y cometería atrocidades que,
al verlas, el día se estremeciera. Ya basta.
Ahora, con mi madre. No te corrompas, corazón. Que el alma de Nerón no invada mi
ánimo. Pierda yo bondad, mas no sentimiento. Le diré venablos, pero sin herirla.
Haya hipocresía entre mi alma y mi lengua.
Aunque la repruebe con duras palabras,
ponerlas por obra no quiera mi alma.

17.
Mamá.

Mamá, estoy cansado de pelear contigo. Me gustaría que entendieras lo que estoy intentando hacer, pero te cuesta demasiado y no lo comprendo. No quiero estar enfrentado a ti pero ¿tanto te cuesta valorar un poco a tu hijo?

¿Qué quieres, dinero?

No, mamá, solo quiero que por una vez intentes ponerte en mi lugar. Necesito que me apoyes, aunque sé que eso es imposible.

¿Imposible? Pero si te estoy apoyando, no te falta de nada, ¿qué más quieres?

Pues mira hoy estaba contento; quería contarte que, por fin, tengo una prueba muy importante. Una, a la que solo tienen acceso unos pocos y que puede hacer que todo cambie. Pero sé que no lo vas a entender.

¿Qué no voy a entender? Muy bien lo de la prueba. Enhorabuena. Pero no te ilusiones demasiado que seguro que hay algunos mejores que tú. Mira lo que dice Jordi de que cuides tu autoestima.

¿Perdón? ¿Qué Jordi? Jordi Polonio.

¿Has hablado con Jordi?

Sí, el otro día para saber cómo podíamos ayudarte.

¿Qué? ¿Me estás diciendo que has hablado sobre mí con mi terapeuta a mis espaldas? ¿Estás loca?

Ay, niño, de verdad, déjame en paz. ¡Encima que intento ayudarte!

Aquella rata inmunda había estado contándole todas nuestras sesiones a mi madre sin decirme nada mientras me quitaba confianza en mí mismo. Si lo llego a tener delante le arranco la puta cabeza. Pero a mi madre…

Odiar a una madre no tiene consuelo.

18.
Kairós.

Kairós es un concepto de la filosofía griega que representa un lapso indeterminado de tiempo en que algo importante sucede. Su significado literal es «momento adecuado u oportuno». El momento preciso. El momento en el que coges la ola o te hundes en el mar. Yo era muy consciente, quizás demasiado, de que aquel casting era «mi momento preciso». Siempre fantaseaba de que cuando tuviera éxito hablaría de mi «kairós» en las entrevistas. Y ese iba a ser el mío. Pero no puedes tener una fiesta sorpresa si la estas esperando, ¿no? Pues a mi me pasaba algo así, pero con la vida. Al llegar al casting me encontré con el compañero que me acompañó en el autobús a aquel primer casting, ¿os acordáis? Esta vez me contó que era amigo del director y que tenía muchas esperanzas en hacer la película, porque además el productor le había dicho en una fiesta que él era perfecto para el personaje. Me hice pequeño.

Procastinar es uno de los disfraces más conseguidos del miedo. El más sutil. No solo es capaz de hacerte huir corriendo del casting escondiéndote para que nadie te vea; este disfraz es tan bueno que es capaz de convencerte, por ejemplo, de que no estás preparado aún y necesitas seguir formándote, por ejemplo, con algún gran maestro extranjero.

19.
Maestro.

MAESTRO   ¡Pero es genial que estés deprimido! A ver,
           Hamlet ha matado a Polonio. Ha sido un
           error pero lo importante es que se ha con-
           vertido precisamente en lo que lleva deni-
           grando durante dos jodidas horas de espec-
           táculo. Ha traspasado un límite, algo se ha
           roto ahí y está jodido. Es genial que tú es-
           tés mal y te sientas así, porque es exacta-
           mente como está el personaje. Solo tienes
           que utilizarte a ti mismo. Es perfecto.

INTÉRPRETE ¡No! ¡No es perfecto! ¡No puedo respirar!
           Una cosa es entender el conflicto y otra muy
           diferente vivir en el. Es el personaje el que
           tiene que sufrir, no yo. Si no, no puedo ha-
           cer mi trabajo.

MAESTRO   ¿Tú qué sabes de cómo hacer tu trabajo?
           Tú no sabes nada. Me dan ganas de man-
           darte a Inglaterra y matarte como hace Clau-
           dio. Si tú sueñas con ser actor tienes que
           implicarte de verdad y jugarte la vida.

INTÉRPRETE ¡El público no quiere verme a mí, quiere
           ver a Hamlet! ¡Yo solo quiero disfrutar de
           mi trabajo!

MAESTRO   ¡Deja de decir tonterías! ¡Yo estoy aquí tra-
            bajando y tú vienes aquí a hacer terapia en
            lugar de hacer lo que tienes que hacer! (*Pau-
            sa.*) ¡Seguimos en quince minutos! (*Putos
            actores.*) *Fucking actors «comeollas».*

20.
Depresión.

Cuando el ejército del miedo empieza a ganar la guerra y se apodera de un ser humano el cuerpo enferma realmente. Es como una espiral. Sientes asfixia, parálisis, lo ves todo borroso, haces movimientos lentos… no tienes fuerzas, tu cabeza no da más de sí, no puedes levantarte de la cama, tienes una ansiedad tan grande que a ratos no puedes parar de llorar sin saber por qué. Y ni siquiera puedes hablar con los demás. No puedes hacer ninguna elección porque eso implica que te vas a perder algo. Y entonces la culpa te obliga a castigarte aún más. El sufrimiento es insoportable. Pierdes el sentido de la vida. Dejas de SER y tu única esperanza es que la muerte llegue cuanto antes. Porque no hace falta estar muerto para morir.

21.
Calavera.

Me aterra el abismo que hay en el concepto de la muerte. Como de un segundo para otro ya, nunca más, vas a poder relacionarte con el ser humano que pierde la vida. Unos meses después del accidente descubrí las zapatillas de estar en casa de mi padre debajo de su cama, desordenadas como si se las hubiera acabado de quitar. Me estremecí. También vi que seguían en la mesilla sus gafas, esas que odiaba cuando se me clavaban al ir a darle un beso de niño. «Las personas deberían morirse con todas sus cosas», dice García Márquez. Al ver aquello era como si aún estuviera allí, pero en realidad ya no estaba. Nunca más lo estaría. Sentí un escalofrío.

HAMLET ¿Cuánto tarda en pudrirse un muerto enterrado? ¡Ay, pobre Yorick, bufón del rey! Yo lo conocía: tenía un humor incansable, una agudeza asombrosa. Me llevó a cuestas mil veces. Y ahora, ¡cómo me repugna imaginarlo! Me revuelve el estómago. Aquí colgaban los labios que besé infinitas veces. Y ahora, ¿dónde están tus pullas, tus brincos, tus canciones, esas ocurrencias

que hacían estallar de risa a toda la mesa?
¿Ya no tienes quien se ría de tus muecas?
¿Estás encogido?

22.
Miedo.

No sé qué hago aquí. Esto no tiene sentido. ¿Por qué coño os estoy contando todo esto? Ya vale. Ya paro. Ya he perdido demasiadas cosas: amigos, familia, oportunidades. Cosas que no van a volver. Se acabó, nada de todo esto tiene sentido. Es que en todo lo que creía y en todo lo que soñaba se ha perdido. Todo esto es una puta mierda bien gorda. Ya, ya sé que hay gente que está peor que yo, gente que no tiene casa o comida y que no se pueden permitir estar así. Yo si pudiera os juro que… Pero tengo miedo. ¡Tengo miedo, coño! Todo es efímero, todos vamos a morir, todo se acaba. Tengo miedo a no ser nada, a no ser nadie, a morirme sin cumplir mis deseos, joder. Tengo miedo a lo que vais a pensar de mí. A estar frustrado y ser débil y vulnerable y que penséis que esta obra es una puta mierda y os riáis de mí y me rechacéis… y que toda mi vida no valga nada. Tengo miedo a estar solo, a sentirme solo. ¡Tengo miedo! No sé qué hacer, necesito ayuda. (*Va hacia el público.*) ¿Puedes ayudarme?

ESPECTADOR   Yo no puedo ayudarte.

23.
Muerte.

¡Joder! ¿Para qué coño vengo yo a hablaros de todo esto si estoy solo? Este sería el momento perfecto para que me propusieran hacer una misión suicida a Marte para salvar a toda la humanidad, como en una peli de Hollywood, así al menos mi muerte tendría sentido y podría redimir toda esta depresión. Si me retara Laertes a un duelo a muerte para vengar el suicidio de su hermana Ofelia y el asesinato de su padre y me preparase un complot con Claudio para matarme envenenando la espada y la copa de vino por si acaso, para no fallar… iría sin dudarlo un instante. ¡A la mierda todo! Iría con todo. Y aunque me hiriese de muerte con la espada (*Suena un disparo.*) seguiría luchando y le diría: «¡vete a tomar por culo!». Y mataría a todos los personajes de esta obra que no creyeron en mí o me traicionaron. (*Suenan disparos.*) Y mataría a Claudio. (*Suena otro disparo.*) Y después a Laertes. ¡Ya no quiero nada de vosotros! ¡Ya no necesito nada de nadie! (*Otro disparo.*) ¡Y a mi madre…! (*Silencio.*) A mi madre la vería impasible morir con el veneno de su propia copa.

HAMLET — El cielo te absuelva, mujer. Voy a seguirte. Me muero. «¡Adiós, pobre reina! Vosotros, que palidecéis y tembláis ante esta desdicha, comparsas o testigos mudos de esta obra, si me quedara tiempo –pues el esbirro de la muerte siempre arresta–, ah, os contaría... Ya basta, me muero; vosotros vivís: relatad mi historia y mi causa a cuantos las ignoran». Si todo queda oculto, ¡qué nombre tan manchado dejaré! Si por mí sentisteis algún cariño, absteneos de la dicha por un tiempo y vivid con dolor en el cruel mundo para contar mi historia. El resto es silencio.

(*Se quita los zapatos de* HAMLET *y los deja.*)

24.
Éxito.

Aparece una proyección en todo el fondo del escenario que poco a poco, como si fuera una máquina de escribir, va diciendo:

«Reír mucho y a menudo; ganarse el respeto de las personas inteligentes y el aprecio de los niños; merecer el elogio de los críticos sinceros y mostrarse tolerante con las traiciones de los falsos amigos; saber apreciar la belleza y hallar lo mejor en el prójimo; dejar un mundo algo mejor, bien sea por medio de un hijo sano, de un rincón de jardín o de una condición social redimida; saber que al menos una vida ha alentado más libremente gracias a la nuestra: eso es haber triunfado».

Ralph Waldo Emerson.

25.
Vida.

Papá. Si tú supieras. Si tú estuvieras aquí. Hamlet me ha salvado la vida. Nunca pude contarte que este era el sueño con el que fantaseaba cuando discutíamos en el coche, pero lo he hecho. Les he contado la historia de Hamlet y resulta que la historia también es la mía. La nuestra.

¿Eh? A ellos, al público que ha venido al teatro y son un personaje más de la función de hoy.

¿Cómo?

Ah no sé si les habrá gustado pero eso ya depende de ellos, no de mí. ¿No eres un fantasma!, se supone que tú deberías saberlo todo. Yo... lo he hecho. He hecho «lo que tenia que hacer». Hamlet muere y yo... yo soy... el actor. Y estoy vivo. Y merece la pena. ¡Merece la pena! Así que esta no va a ser la última noche.

Pues que sepas que yo voy a seguir animando a la gente a soñar... y a creer.

No te oigo, habla más alto... Sí, sí, ya... ya lo sé, créeme que lo sé, por eso estoy aquí... «un huevo y la yema del otro».

Fin.

JUAN LÓPEZ-TAGLE

lo(r)ca's

Una dramaturgia de Juan López-Tagle
a partir del trabajo de Mesina Troupe
con textos de Federico García Lorca.

Esta obra se estrenó en el Teatro La Guindalera de Madrid
el 13 de junio de 2023 interpretada por
Belén Matamala (ADELA), Mónica Maestro (ANGUSTIAS),
Merche Hernando (BERNARDA), Ruth Briones (LA MADRE),
Lourdes Romera (LA MUJER), Noelia Montosa (LA NOVIA),
Jaime Couceiro (LEONARDO/JUAN), Sandra Sánchez (MARÍA),
Alicia Guirao (MARTIRIO), Carme González (ROSITA) y Carolina Saura (YERMA).

Dirección: Juan López-Tagle.

Personajes

La Madre
Rosita
Bernarda
Angustias
Adela
Martirio
Yerma
Juan
Leonardo
María
La Novia
La Mujer

10  1

PRIMERA PARTE
La familia es lo más importante
Escena 1
El miedo

> *Entran en escena la* MADRE *y su sobrina* ROSITA
> *que vienen a contratar el hotel de* BERNARDA *para*
> *la celebración de la boda de su hijo.*

MADRE   Yo me opuse. ¡Claro que me opuse! Más tarde o más temprano se iba a tener que marchar, ya lo sabes. Cuarenta días se tarda en llegar a Tucumán. Que no es aquí al lado.

ROSITA   Él no se quería ir.

MADRE   Pero se fue. Porque se tenía que ir.

ROSITA   Me quería.

MADRE   Y te clavó una flecha con cintas moradas en el corazón.

ROSITA   Lo podías haber parado. Fuiste tú la que lo animó a irse.

MADRE   Tenía que hacerlo. Aquí no era más que un paseante, y allí iba a ser un labrador como dios manda, ¿qué querías?

ROSITA   Que volviera, prometió que lo haría.

MADRE   Sí, claro, hasta que pegara la hebra con una tucumana. Eso lo sabíamos por mucho que lo prometiera.

ROSITA   Ya sé que la culpa no es suya, tía. Pero yo le creí, y ahora…

MADRE   ¡Bueno ya! Dichosa boda esta, que nos hace acabar siempre hablando de lo mismo.

ROSITA   Esté tranquila, tía, que va a ir todo bien.

MADRE   Qué va a ir bien. Me quedo sola, y como le pase algo… ¡ya me quedé sin marido y sin mi otro hijo!

ROSITA   Bueno…, ¿otra vez?

MADRE   ¡Cien años que yo viviera y no hablaría de otra cosa! (*Pausa.*) Disculpa hija, es que no sé… mi hijo… yo sé que la muchacha es buena. Modosa. Trabajadora. Y siento, sin embargo, cuando la nombro, como si me dieran una pedrada en la frente.

ROSITA   Es buena muchacha. Ya llevan tres años de relaciones. No hay quien la conozca a fondo, pero es buena.

MADRE   ¿Su madre?

ROSITA   Era hermosa, decían que le relucía la cara. Pero también decían que no quería a su marido.

MADRE   Cuántas cosas sabéis las gentes. Yo lo que había oído es que ella tuvo un novio hace tiempo…, ¿tú sabes?

ROSITA   Tendría ella quince años. Él se casó hace ya dos, con una prima suya, por cierto.

MADRE   ¿Quién es ese?

ROSITA   Leonardo.

MADRE   ¿Qué Leonardo?

ROSITA   El de los Félix.

MADRE   ¡De los Félix!

ROSITA   Mujer, ¿qué culpa tiene Leonardo de nada? Él tenía ocho años cuando las cuestiones.

MADRE   Es verdad… pero oigo eso de los Félix y es lo mismo que llenárseme de cieno la boca y tengo que escupir, tengo que escupir por no matar.

ROSITA   ¿Y qué sacas con eso, tía? No te opongas a la felicidad de tu hijo que tiene la suerte de casarse. (*Pausa.*) A ver si vuelven ya… que llevan más de dos horas de gori gori en el velatorio…

MADRE   Esta mujer… es una tirana de todos los que la rodean. Es capaz de sentarse encima de tu corazón y ver cómo te mueres durante un año sin que se le cierre esa sonrisa fría que lleva en la cara.

ROSITA   Cuidado, que como te oiga no nos deja celebrar la boda aquí en su casa.

MADRE   Mira, llevo treinta años aguantándola, haciendo como que no, precisamente por estas cosas. Pero un día me hartaré y verás tú…

ROSITA   Bueno, a ti y a mí, hoy, nos toca callar…

MADRE   ¡Las cosas!

ROSITA   ¿Qué?

MADRE   Las cosas pasan…

ROSITA   Ya llegan.

Escena 2
Wedding planner

Entra BERNARDA *seguida de* MARTIRIO, ADELA *y* ANGUSTIAS. ANGUSTIAS *saluda y se va por la otra puerta.*

BERNARDA   Buenas tardes.

ANGUSTIAS   Buenas tardes.

MADRE   Buenas tardes, Bernarda. Os acompaño en el sentimiento.

BERNARDA   Gracias.

MADRE   Si es mucho jaleo podemos buscar otro sitio para hacer la boda de mi hijo.

BERNARDA   Ni hablar. El que quiera llorar que se meta debajo de la cama. El trabajo es el trabajo. Llorar es de pobres. Los pobres son como los animales. Parece como si estuvieran hechos de otra sustancia.

ROSITA   Los pobres también tienen sus penas.

BERNARDA   Pero las olvidan delante de un plato de garbanzos.

ROSITA   Comer es necesario para vivir.

BERNARDA   ¡No permito que nadie me dé lecciones en mi
             propia casa!

MADRE   Parece que no se puede hablar, mujer. ¿Tene-
             mos o no tenemos confianza?

BERNARDA   No tenemos. Haces la boda aquí y me pagas.
             ¡Nada más! ¿Has traído el dinero?

MADRE   Aquí tienes.

BERNARDA   Bueno está.

MADRE   Nos vemos el jueves.

BERNARDA   Así será.

             (*Salen la* MADRE *y* ROSITA.)

BERNARDA   ¿Está hecha la limonada?

ADELA   Sí, madre.

BERNARDA   Dale a los hombres. En la calle. No quiero que
             pisen por aquí.

ADELA   Voy.

             (*Sale* ADELA *con la limonada.*)

MARTIRIO   Madre, hay que preparar los delantales rojos para la boda…

BERNARDA   ¡Ni hablar! ¡Negros!

MARTIRIO   Madre, no tenemos negros.

BERNARDA   ¡Pues servimos la boda sin delantales! ¡Pero de negro! (*En ese momento entra de nuevo* ADELA.) Haceros a la idea de que en ocho años que dure el luto no ha de entrar en esta casa el viento de la calle. La que se quiera ir se queda sin su parte. Haceros cuenta que hemos tapiado con ladrillos puertas y ventanas. Así pasó en la empresa de mi padre y en la empresa de mi abuelo.

ADELA   Yo no quiero pudrirme esperando eternamente dentro de este hotel oscuro.

BERNARDA   Pues te aguantas. Es lo que tiene ser mujer.

ADELA   Malditas sean las mujeres.

BERNARDA   Aquí se hace lo que yo mando. Ya no puedes ir con el cuento a tu padre.

MARTIRIO   Madre, vamos a cambiarnos de ropa y empezar a preparar.

BERNARDA   ¿Y Angustias?

ADELA   La he visto asomada a la rendija del portón.
          Los hombres se acaban de ir.

BERNARDA ¡Pero el duelo de los hombres habría salido
          ya!

ADELA   (*Con intención.*) Todavía estaba un grupo pa-
          rado por fuera.

BERNARDA (*Furiosa.*) ¡Angustias! ¡Angustias!

ANGUSTIAS (*Entrando.*) ¿Qué manda usted?

BERNARDA ¿Qué mirabas y a quién?

ANGUSTIAS Yo…

BERNARDA ¡Tú!

ANGUSTIAS A nadie.

BERNARDA ¿Es decente que una mujer de tu clase vaya
          con el anzuelo detrás de un hombre el día de
          la misa de su padre? ¡Contesta!

ANGUSTIAS No era mi padre. El mío murió hace tiempo.
          ¿Es que ya no lo recuerda?

BERNARDA ¡Más debes a este hombre, padre de tus her-
          manas, que al tuyo! Gracias a este hombre tie-
          nes colmada tu fortuna.

ANGUSTIAS Eso lo teníamos que ver.

BERNARDA ¡Aunque fuera por decencia! Por respeto.

ANGUSTIAS Madre, déjeme usted salir.

BERNARDA ¿Salir? Después de que te hayas quitado esos polvos de la cara, ¡suavona!

(*Le quita violentamente con un pañuelo los polvos.*)

ADELA ¡Madre, pare!

(*Entre* ADELA *y* MARTIRIO *la paran.*)

BERNARDA ¡No os hagáis ilusiones de que vais a poder conmigo! ¡Hasta que salga de esta casa con los pies por delante mandaré en lo mío y en lo vuestro!

(BERNARDA *sale cabreada.*)

MARTIRIO Si el problema es el dinero, tú eres la más rica, te puedes quedar con todo.

ANGUSTIAS ¡Guárdate la lengua en la madriguera!

(*Sale* ANGUSTIAS. *Se quedan solas* MARTIRIO *y* ADELA.)

ADELA Pues yo me pienso poner el vestido verde para la boda.

MARTIRIO Si te ve nuestra madre te arrastra del pelo.

ADELA   ¡Joder! Tenía mucha ilusión con el vestido. No hay otro igual.

MARTIRIO   Es un vestido precioso.

ADELA   Y me está muy bien.

MARTIRIO   Lo que puedes hacer es regalárselo a Angustias para su boda con Pepe el Romano!

ADELA   (*Con emoción contenida.*) ¡Pero Pepe el Romano…!

MARTIRIO   ¿No lo has oído decir?

ADELA   No.

MARTIRIO   ¡Pues ya lo sabes!

ADELA   ¡Pero si no puede ser!

MARTIRIO   La suerte viene a quien menos la aguarda.

ADELA   Pepe el Romano es el mejor tipo de estos contornos. Lo natural sería que pretendiera a…

MARTIRIO   ¡El dinero lo puede todo!

ADELA   ¿Por eso ha salido detrás del duelo y estuvo mirando por el portón? (*Pausa.*) Y ese hombre es capaz de…

MARTIRIO   Es capaz de todo. (*Pausa.*) ¿Qué piensas?

ADELA   Pienso que este duelo me ha cogido en la peor
          época de mi vida para pasarlo.

MARTIRIO Ya te acostumbrarás.

ADELA   ¡No, no me acostumbraré! Yo no quiero estar
          encerrada. ¡No quiero que se me pongan las
          carnes como a ti! ¡Mañana me pondré mi ves-
          tido verde y me tiraré a las calles! ¡Yo quiero
          salir!

          (ADELA *sale.* MARTIRIO *se queda satisfecha y lue-
          go sale también.*)

Escena 3
Desayuno sin hijo

YERMA y JUAN *se despiertan por la mañana.*

YERMA   Juan, ¿me oyes? Juan.

JUAN   Voy.

YERMA   Ya es la hora.

JUAN   ¿Cuándo es la boda?

YERMA   El jueves.

JUAN   Vale. Hasta luego.

            (Va a salir.)

YERMA   ¿No tomas un vaso de leche?

JUAN   ¿Para qué?

YERMA   Trabajas mucho y no tienes tú cuerpo para re-
            sistir los trabajos.

JUAN   Cuando los hombres se quedan enjutos se po-
            nen fuertes como el acero.

YERMA   Pero tú, no. Cuando nos casamos eras otro. Ahora tienes la cara blanca como si no te diera en ella el sol. A mí me gustaría... Veinticuatro meses llevamos casados, y tú cada vez más triste, más enjuto, como si crecieras al revés.

JUAN   ¿Has acabado?

YERMA   (*Levantándose.*) No lo tomes a mal. Si yo estuviera enferma me gustaría que tú me cuidases. Así soy yo. Por eso te cuido también.

JUAN   Y yo te lo agradezco.

YERMA   Pero no te dejas cuidar.

JUAN   Es que no tengo nada. Todas esas cosas son suposiciones tuyas. Trabajo mucho. Cada año seré más viejo.

YERMA   Cada año... Tú y yo seguiremos aquí cada año...

JUAN   (*Sonriente.*) Naturalmente. Y bien sosegados. Las cosas de la labor van bien, no tenemos hijos que gasten.

YERMA   No tenemos hijos... ¡Juan!

JUAN   Dime.

YERMA   ¿Es que yo no te quiero a ti?

JUAN   Me quieres.

YERMA   Y, sin embargo...

JUAN   Calla. Demasiado trabajo tengo yo con oír en todo momento...

YERMA   No. No me repitas lo que dicen. Yo veo por mis ojos que eso no puede ser...

JUAN   ¡Hay que esperar!

YERMA   Sí; queriendo.

             (YERMA *abraza y besa al marido, tomando la iniciativa.*)

JUAN   En la boda estarás tranquila. Ya sabes que no me gusta que hables tanto.

YERMA   Nunca hablo.

JUAN   Estás mejor callada.

YERMA   Sí.

JUAN   La gente habla demasiado.

YERMA   (*Sombría.*) Claro.

             (JUAN *sale.* YERMA *se queda pensativa.*)

Escena 4
Maridos y mujeres

La MUJER *y* YERMA *están tarareando una nana para que se duerma el hijo de la* MUJER. *Hablando de la ausencia de* LEONARDO.

MUJER   ¿Un café?

YERMA   Gracias. ¿No llega muy tarde?

MUJER   (*Mirando, no responde.*) Ya se ha dormido mi niño.

            (*Entran al niño. Entra* LEONARDO.)

LEONARDO   ¿Y el niño?

MUJER   Se durmió.

LEONARDO   Ayer no estuvo bien. Lloró por la noche.

MUJER   (*Alegre.*) Hoy está como una dalia. ¿Y tú? ¿Fuiste a casa del herrador?

LEONARDO   De allí vengo. ¿Querrás creer? Llevo más de dos meses poniendo herraduras nuevas al caballo y siempre se le caen. Por lo visto se las arranca con las piedras.

MUJER   ¿Y no será que lo usas mucho?

LEONARDO   No. Casi no lo utilizo.

MUJER   Ayer me dijeron las muchachas que te habían visto al límite de los llanos.

LEONARDO   ¿Quién lo dijo?

MUJER   Las mujeres que cogen las alcaparras. Por cierto que me sorprendió. ¿Eras tú?

LEONARDO   No. ¿Qué iba a hacer yo allí, en aquel secano?

MUJER   Eso dije. Pero el caballo estaba reventado de sudar.

LEONARDO   ¿Lo viste tú?

MUJER   No. Yerma.

LEONARDO   ¿Está con el niño?

MUJER   Sí. ¿Quieres un refresco de limón?

LEONARDO   Con el agua bien fría.

MUJER   ¡Como no viniste a comer!...

LEONARDO   Estuve con los medidores del trigo. Siempre entretienen.

MUJER   (*Haciendo el refresco y muy tierna.*) ¿Y lo pagan a buen precio?

LEONARDO El justo.

MUJER   Me hace falta un vestido y al niño una gorra con lazos.

LEONARDO (*Levantándose.*) Voy a verlo.

MUJER   Ten cuidado, que está dormido.

YERMA   (*Saliendo.*) Pero ¿quién da esas carreras al caballo? Está abajo tendido, con los ojos desorbitados como si llegara del fin del mundo.

LEONARDO (*Agrio.*) Yo.

YERMA   Perdona; tuyo es.

MUJER   (*Tímida.*) Estuvo con los medidores del trigo.

YERMA   Por mí, que reviente.

         (*Se sienta. Pausa.*)

MUJER   El refresco. ¿Está frío?

LEONARDO Sí.

MUJER   ¿Sabes que piden a mi prima?

LEONARDO ¿Cuándo?

MUJER   Mañana. La boda será la semana que viene.
         Espero que vengan a invitarnos.

LEONARDO (*Serio.*) No sé.

YERMA   La madre de él creo que no estaba muy satis-
         fecha con el casamiento.

LEONARDO Y quizá tenga razón. Ella es de cuidado.

MUJER   No me gusta que penséis mal de una buena
         muchacha.

YERMA   Pero cuando dice eso es porque la conoce.
         (*Con intención.*) ¿No ves que fue tres años no-
         via suya?

LEONARDO Pero la dejé. (*A su* MUJER.) ¿Vas a llorar aho-
         ra? ¡Quita! (*Le aparta bruscamente las manos
         de la cara.*) Vamos a ver al niño.

         (*Entran abrazados. Aparece* MARÍA, *alegre.* YER-
         MA *se queda de piedra al verla embarazada.*)

YERMA   ¿De dónde vienes?

MARÍA   De la tienda.

YERMA   ¿De la tienda tan temprano?

MARÍA   Por mi gusto hubiera esperado en la puerta a
         que abrieran; y ¿a que no sabes lo que he com-
         prado?

YERMA Habrás comprado café para el desayuno, azúcar y los panes.

MARÍA No. He comprado encajes, tres varas de hilo, cintas y lanas de color para hacer madroños. El dinero lo tenía mi marido y me lo ha dado él mismo.

YERMA Te vas a hacer una blusa.

MARÍA No, es porque... ¿sabes?

YERMA ¿Qué?

MARÍA Porque, ¡ya ha llegado!

(YERMA *se queda mirándola, se levanta y la mira con admiración.*)

YERMA ¡A los cinco meses!

MARÍA Sí.

YERMA ¿Te has dado cuenta de ello?

MARÍA Naturalmente.

YERMA ¿Cómo no me has dicho nada antes? (MARÍA *no sabe que decir. Con curiosidad.*) ¿Y qué sientes?

MARÍA No sé. Angustias.

YERMA   Angustias. (*Agarrada a ella.*) Pero... ¿cuándo llegó?... Dime. Tú estabas descuidada.

MARÍA   Sí, descuidada...

YERMA   Estarías cantando, ¿verdad? Yo canto. Tú... dime...

MARÍA   No me preguntes. ¿No has tenido nunca un pájaro vivo apretado en la mano?

YERMA   Sí.

MARÍA   Pues, lo mismo..., pero por dentro de la sangre.

YERMA   ¡Qué hermosura!

         (*La mira extraviada.*)

MARÍA   Estoy aturdida. No sé nada.

YERMA   ¿De qué?

MARÍA   De lo que tengo que hacer. Le preguntaré a mi madre.

YERMA   ¿Para qué? Ya está vieja y habrá olvidado estas cosas. No andes mucho y cuando respires respira tan suave como si tuvieras una rosa entre los dientes.

MARÍA   Oye, dicen que más adelante te empuja suavemente con las piernecitas.

YERMA   Y entonces es cuando se le quiere más, cuando ya se dice: ¡mi hijo!

MARÍA   En medio de todo tengo vergüenza.

YERMA   ¿Qué ha dicho tu marido?

MARÍA   Nada.

YERMA   ¿Te quiere mucho?

MARÍA   No me lo dice, pero se pone junto a mí y sus ojos tiemblan como dos hojas verdes.

YERMA   ¿Sabía él que tú...?

MARÍA   Sí.

YERMA   ¿Y por qué lo sabía?

MARÍA   No sé. Pero la noche que nos casamos me lo decía constantemente con la boca puesta en mi mejilla, tanto que a mí me parece que mi niño es un palomo de lumbre que él me deslizó por la oreja.

YERMA   ¡Dichosa!

MARÍA   Pero tú estás más enterada de esto que yo.

YERMA   ¿De qué me sirve?

MARÍA   ¡Es verdad! ¿Por qué será eso? De todas las novias de tu tiempo tú eres la única...

YERMA   Es así. Claro que todavía es tiempo. Elena tardó tres años y otras antiguas del tiempo de mi madre mucho más, pero dos años y veinte días, como yo, es demasiada espera. Pienso que no es justo que yo me consuma así. Muchas noches salgo descalza al patio para pisar la tierra, no sé por qué. Si sigo así, acabaré volviéndome mala.

MARÍA   Pero ven acá, criatura; hablas como si fueras una vieja. ¡Qué digo! Nadie puede quejarse de estas cosas. Una hermana de mi madre lo tuvo a los catorce años, ¡y si vieras qué hermosura de niño!

YERMA   (*Con ansiedad.*) ¿Qué hacía?

MARÍA   Lloraba como un torito, con la fuerza de mil cigarras cantando a la vez y nos orinaba y nos tiraba de las trenzas, y cuando tuvo cuatro meses nos llenaba la cara de arañazos.

YERMA   (*Riendo.*) Pero esas cosas no duelen.

MARÍA   Te diré...

YERMA   ¡Bah! Yo he visto a mi hermana dar de mamar a su niño con el pecho lleno de grietas y le producía un gran dolor, pero era un dolor fresco, bueno, necesario para la salud.

MARÍA   Dicen que con los hijos se sufre mucho.

YERMA   Mentira. Eso lo dicen las madres débiles, las quejumbrosas. ¿Para qué los tienen? Tener un hijo no es tener un ramo de rosas. Hemos de sufrir para verlos crecer. Yo pienso que se nos va la mitad de nuestra sangre. Pero esto es bueno, sano, hermoso. Cada mujer tiene sangre para cuatro o cinco hijos y cuando no los tiene se le vuelve veneno, como me va a pasar a mí.

MARÍA   No sé lo que tengo.

YERMA   Siempre oí decir que las primerizas tienen susto.

MARÍA   (*Tímida.*) Veremos… En la tienda estaba el novio comprando todo lo mejor que había para la novia.

YERMA   ¿Estaba solo?

MARÍA   Con su madre. Seria. Altiva. (*La imita.*) Pero ¡qué lujo!

YERMA   Ellos tienen dinero.

(*Aparecen* LEONARDO *y su* MUJER.)

MARÍA   ¡Y compraron unas medias caladas! ¡Ay, qué medias! ¡El sueño de las mujeres en medias!

LEONARDO   (*Fuerte.*) No nos importa.

MUJER   Déjala.

YERMA   Leonardo, no es para tanto.

MARÍA   Disculpa. Me voy.

(MARÍA *se va contrariada.*)

YERMA   ¿Qué necesidad tienes de ponerte a mal con las gentes?

LEONARDO   No te he preguntado tu opinión.

(*Se sienta.*)

YERMA   Está bien.

(*Pausa.*)

MUJER   (*A* LEONARDO.) ¿Qué te pasa? ¿Qué idea te bulle por dentro de la cabeza? No me dejes así, sin saber nada...

LEONARDO   Quita.

MUJER   No. Quiero que me mires y me lo digas.

LEONARDO   Déjame.

(*Se levanta.*).

MUJER   ¿Adónde vas, hijo?

LEONARDO   (*Agrio.*) ¿Te puedes callar?

(*Sale* LEONARDO.)

YERMA   ¡El niño! (*Entra y vuelve a salir con él en brazos. La* MUJER *ha permanecido de pie, inmóvil.*) Tú al menos tienes a esta criatura y la que viene en camino. ¿Pero yo? ¿Por qué estoy yo seca?

MUJER   ¿A ti te gusta tu marido?

YERMA   ¿Cómo?

MUJER   Que si lo quieres. Si deseas estar con él...

YERMA   No sé.

MUJER   ¿No tiemblas cuando se acerca a ti? ¿No te da así como un sueño cuando acerca sus labios? Dime.

YERMA   No. No lo he sentido nunca.

MUJER   ¿Nunca? ¿Ni cuando has bailado?

YERMA   (*Recordando.*) Quizá... Una vez... Víctor...

MUJER   Sigue.

YERMA   Me cogió de la cintura y no pude decirle nada
           porque no podía hablar. Otra vez el mismo
           Víctor, teniendo yo catorce años me cogió en
           sus brazos para saltar una acequia y me entró
           un temblor que me sonaron los dientes.

MUJER   Los hombres tienen que gustar, muchacha.
           Han de deshacernos las trenzas y darnos de
           beber agua en su misma boca. Así corre el
           mundo.

YERMA   Yo me entrego a mi marido por mi hijo, y me
           sigo entregando para ver si llega, pero nunca
           por divertirme.

MUJER   ¡Y resulta que estás vacía!

YERMA   No, vacía no, porque me estoy llenando de
           odio. ¿Tengo yo la culpa de que me deje en la
           cama con los ojos tristes mirando al techo y
           dé media vuelta y se duerma?

MUJER   Deberías ser menos inocente. Dile ¡que ahonde!

YERMA   Eso, ¡que ahonde! Y que dios me ampare.

MUJER   Dios, no. A mí no me ha gustado nunca dios.
           ¿Cuándo os vais a dar cuenta de que no existe?

YERMA   Pero ¿por qué me dices eso, por qué?

MUJER   (Yéndose.) Aunque debía haber dios, aunque
           fuera pequeñito, para que mandara rayos

contra los hombres de simiente podrida que encharcan la alegría de los campos.

(*Suena el teléfono de* YERMA, *es* JUAN.)

JUAN   ¡Qué haces por ahí todavía!

YERMA   Hablaba.

MUJER   Adiós.

(*Sale.*)

JUAN   Debías estar en casa.

YERMA   Me entretuve.

JUAN   No comprendo en qué te has entretenido.

YERMA   Oía cantar a los pájaros.

JUAN   Está bien. Así darás que hablar a las gentes.

YERMA   (*Fuerte.*) Juan, ¿qué piensas?

JUAN   No lo digo por ti, lo digo por las gentes.

YERMA   ¡Puñalada que le den a las gentes!

JUAN   No maldigas. Está feo en una mujer.

YERMA   Ojalá fuera yo una mujer.

JUAN   Vamos a dejarnos de conversación. Vete a la
            casa.

            (*Pausa.*)

YERMA   Está bien. ¿Te espero?

JUAN   No. Estaré toda la noche regando. Viene poca
            agua, es mía hasta la salida del sol y tengo que
            defenderla de los ladrones. Te acuestas y te
            duermes.

YERMA   (*Dramática.*) ¡Me dormiré!

            (*Cuelga el teléfono y sale.*)

Escena 5
El espía

La NOVIA *y* MARÍA *reciben a la* MADRE *y a* RO-
SITA *que vienen a traerle unos regalos para la*
boda.

NOVIA   ¿Habéis tardado mucho?

MADRE   Un rato.

NOVIA   Habéis venido por el camino más largo.

MADRE   Yo estoy vieja ya para andar por atajos.

ROSITA   Se marea.

MADRE   Ya no queda nada.

MARÍA   ¡El jueves!

NOVIA   Sí. El día de mi cumpleaños.

MADRE   Justo sería el día mismo del cumpleaños de
               mi hijo el mayor. Espero que la casualidad solo
               se quede en eso.

ROSITA   Nosotras iremos al hotel de Bernarda en los
               carros, como el resto de invitados.

MARÍA   Los novios llegan en el coche.

           (*Silencio.*)

MADRE   ¿Estás contenta?

NOVIA   Sí, señora. Cuando he dado el sí es porque quiero darlo.

MADRE   Naturalmente. (*Le coge la barbilla.*) Mírame.

MARÍA   Es igualita a su madre…

MADRE   Hermosa y con la cara reluciente… («*y no quería a su padre*», *piensa.*) ¡Qué hermoso mirar! ¿Tú sabes lo que es casarse muchacha?

NOVIA   (*Seria.*) Lo sé.

MADRE   Un hombre, unos hijos y una pared de dos varas de ancho para todo lo demás.

NOVIA   Yo sabré cumplir.

MADRE   Aquí tienes unos regalos.

NOVIA   Gracias.

MADRE   Vamos, el sol no espera. (*A* MARÍA.) Adiós, mujer. (*A la* NOVIA.) Adiós, hija.

           (*La* MADRE *y* ROSITA *se despiden y se van.*)

MARÍA   Que reviento por ver los regalos.

NOVIA   (*Agria.*) Quita.

MARÍA   Ay, muchacha, enséñamelos.

NOVIA   No quiero.

MARÍA   Siquiera las medias. Dicen que son todas caladas. ¡Mujer!

NOVIA   ¡Ea, que no!

MARÍA   Por dios. Está bien. Parece como si no tuvieras ganas de casarte.

NOVIA   (*Mordiéndose la mano con rabia.*) ¡Ay!

MARÍA   Amiga, ¿qué te pasa? ¿Sientes dejar tu vida de reina? No pienses en cosas agrias. ¿Tienes motivo? Ninguno. Vamos a ver los regalos.

      (*Coge la caja.*)

NOVIA   (*Cogiéndola por las muñecas.*) Suelta.

MARÍA   ¡Ay, mujer!

NOVIA   Suelta he dicho.

MARÍA   Tienes más fuerza que un hombre.

NOVIA   ¿No he hecho yo trabajos de hombre? ¡Ojalá lo fuera!

MARÍA   ¡No hables así!

NOVIA   Calla he dicho. Hablemos de otro asunto.

(Pausa larga.)

MARÍA   ¿Sentiste anoche un caballo?

NOVIA   ¿A qué hora?

MARÍA   A las tres.

NOVIA   Sería un caballo suelto de la manada.

MARÍA   No. Llevaba jinete.

NOVIA   ¿Por qué lo sabes?

MARÍA   Porque lo vi. Estuvo parado en tu ventana. Me chocó mucho.

NOVIA   ¿No sería mi novio? Algunas veces ha pasado a esas horas.

MARÍA   No.

NOVIA   ¿Tú lo viste?

MARÍA   Sí.

NOVIA   ¿Quién era?

MARÍA   Era Leonardo.

NOVIA   (*Fuerte.*) ¡Mentira! ¡Mentira! ¿A qué viene aquí?

MARÍA   Vino.

NOVIA   ¡Cállate! ¡Maldita sea tu lengua!

             (*Se siente el ruido de un caballo.*)

MARÍA   (*En la ventana.*) Mira, asómate. ¿Era?

NOVIA   ¡Era!

Escena 6
Las cosas pasan

Martirio y Angustias *preparan la boda.*

Martirio   Le tienen miedo a nuestra madre. Por eso Adelaida no fue al tanatorio, siempre que viene le tira puñaladas con el asunto. Su padre mató en Cuba al marido de su primera mujer para casarse con ella, luego aquí la abandonó y se fue con otra que tenía una hija y luego tuvo relaciones con esta muchacha, la madre de Adelaida, y se casó con ella después de haber muerto loca la segunda mujer.

Angustias   Y ese infame, ¿por qué no está en la cárcel?

Martirio   Porque los hombres se tapan unos a otros las cosas de esta índole y nadie es capaz de delatar.

Angustias   Pero Adelaida no tiene culpa de esto.

Martirio   No, pero las cosas se repiten. Yo veo que todo es una terrible repetición. Y ella tiene el mismo sino de su madre y de su abuela, mujeres las dos del que la engendró.

Angustias   ¡Qué cosa más grande!

MARTIRIO	Por eso Adelaida antes era alegre, y ahora su novio no la deja salir ni al tranco de la calle. Ni polvos se echa en la cara ya.

(Entra en ese momento BERNARDA *con la* MADRE *que vienen a hacer las últimas comprobaciones antes de la boda.)*

BERNARDA	¡Tanto hablar, tanto hablar y aquí no se trabaja! Ya podéis espabilar para que esté todo listo mañana. Esta es una casa decente. ¿Dónde está Adela?
MARTIRIO	Estará echada en la cama.
ANGUSTIAS	Esa niña está mala, madre.
MARTIRIO	Claro, ¡no duerme apenas!
BERNARDA	¡Voy a ver! Atender aquí.

(Sale BERNARDA *en busca de* ADELA.*)*

ANGUSTIAS	Esa tiene algo. La veo sin sosiego, temblona, asustada, como si tuviera una lagartija entre los pechos.
MARTIRIO	No tiene ni más ni menos que lo que tenemos todas.
ANGUSTIAS	Yo me encuentro bien, y al que le duela, que reviente. La envidia la come, se lo noto en los ojos. Se le está poniendo mirar de loca.

Afortunadamente, pronto voy a salir de este infierno.

MADRE   ¡Y vaya infierno! ¡Qué calor dios mío de mi vida!

MARTIRIO Ni que lo jure. Esta noche pasada no me podía quedar dormida del calor. A la una de la madrugada me levanté a refrescarme y salía fuego de la tierra. Todavía estabas con Pepe en la ventana.

ANGUSTIAS Sí. ¿Tú por qué lo sabes?

MARTIRIO Lo sentí toser. ¡Y lo volví a sentir a eso de las cuatro!

ANGUSTIAS ¡Ese no sería él!

MADRE   ¡Qué cosa más rara! ¡Qué líos os traéis!

MARTIRIO Lo que es raro es que dos personas que no se conocen se vean de pronto en una reja y ya novios.

ANGUSTIAS Pues a mí no me choca. Porque cuando un hombre se acerca a una reja ya sabe por los que van y vienen, llevan y traen, que se va a decir que sí.

MADRE   ¡Y Pepe es un hombre bien guapo!

ANGUSTIAS ¡No tiene mal tipo!

MADRE Ay, las cosas que pasan en las rejas entre personas poco instruidas que hablan y dicen y mueven la mano… La primera vez que mi marido vino a mi ventana…

(*En ese momento entra* BERNARDA *con* ADELA.)

BERNARDA Pues ¿no estaba dormida?

ADELA Tengo mal cuerpo.

MARTIRIO ¿Es que no has dormido bien esta noche?

ADELA Sí.

MARTIRIO ¿Entonces?

ADELA (*Fuerte.*) ¡Déjame ya! ¡Durmiendo o velando no tienes por qué meterte en lo mío! ¡Yo hago con mi cuerpo lo que me parece!

MARTIRIO ¡Solo es interés por ti!

ADELA Interés o inquisición. ¿No estabais preparando la boda? ¡Pues seguid! ¡Quisiera ser invisible y pasar por las habitaciones sin que me preguntéis a dónde voy!

BERNARDA ¡Ya está bien! Siempre peleando. Qué hartura. Martirio, vete a limpiar el patio. Angustias, vamos a traer los manteles del aparador. Adela, atiende a la señora. ¿Quiere una copa de aguardiente?

MADRE   No, gracias.

(BERNARDA, ANGUSTIAS y MARTIRIO *salen.*)

ADELA   ¡Qué pesada! No me deja respirar, me sigue a todos lados. Y siempre: «¡qué lástima de cara! ¡Qué lástima de cuerpo que no va a ser para nadie!» Y eso no. ¡Mi cuerpo será de quien yo quiera!

MADRE   De Pepe el Romano, ¿no es eso?

ADELA   ¿Qué dices?

MADRE   Lo que digo.

ADELA   ¡Calla!

MADRE   ¿Crees que no me he fijado?

ADELA   ¡Baja la voz!

MADRE   ¡Mata esos pensamientos, hazme caso! Deja en paz a tu hermana, y si Pepe el Romano te gusta, te aguantas.

ADELA   ¡Calla!

MADRE   ¡No callo!

ADELA   Métete en tus cosas, ¡oledora! ¡Pérfida!

MADRE   ¡No me desafíes, niña! Estas son mis cosas, porque como tu indecencia me arruine la boda de mi hijo voy a dar voces, encender luces y hacer que toquen las campanas.

ADELA   Nadie podrá evitar que suceda lo que tiene que suceder.

MADRE   ¡Tanto te gusta ese hombre!

ADELA   ¡Tanto! Mirando sus ojos me parece que bebo su sangre lentamente. ¡Y chitón!

(ADELA *sale dejando a la* MADRE *contemplando el espacio donde se celebrará la boda.*)

MADRE   Ay, dios mío. ¡Las cosas… las cosas pasan! Me duele hasta la punta de las venas.

SEGUNDA PARTE
El día más importante de nuestras vidas
Escena 7
La tentación

MARÍA   Aquí te acabaré de peinar.

NOVIA   No se puede estar ahí dentro del calor.

MARÍA   En estas tierras no refresca ni al amanecer.

(*Se sienta la* NOVIA *en una silla baja y se mira en un espejito de mano.* MARÍA *la peina.*)

NOVIA   Mi madre era de un sitio donde había muchos árboles. De tierra rica. Pero se consumió aquí.

MARÍA   El sino.

NOVIA   Como nos consumimos todas. Echan fuego las paredes. ¡Ay!, no tires demasiado.

MARÍA   Es para arreglarte mejor esta onda. Quiero que te caiga sobre la frente. (La NOVIA *se mira en el espejo.*) Qué hermosa estás. ¡Ay!

(*La besa apasionadamente.*)

NOVIA   (*Seria.*) Sigue peinándome.

MARÍA   (*Peinándola.*) ¡Hoy vas a abrazar a un hombre, lo vas a besar, vas a sentir su peso!

NOVIA   Calla.

MARÍA   Y lo mejor es cuando te despiertes y lo sientas al lado y que te roce los hombros con su aliento, como con una plumilla de ruiseñor.

NOVIA   (*Fuerte.*) ¿Te quieres callar?

MARÍA   ¡Bueno vale! ¿Una boda, qué es? Una boda es esto y nada más. ¿Son los dulces? ¿Son los ramos de flores? No. Es una cama relumbrante y un hombre y una mujer.

NOVIA   No se debe decir.

MARÍA   Eso es otra cosa. ¡Pero es bien alegre!

NOVIA   O bien amargo.

MARÍA   El azahar te lo voy a poner desde aquí, hasta aquí, de modo que la corona luzca sobre el peinado.

            (*Le prueba el ramo de azahar.*)

NOVIA   (*Se mira en el espejo.*) Trae.

            (*Coge el azahar, lo mira y deja caer la cabeza abatida.*)

MARÍA   ¿Qué es esto?

NOVIA   Déjame.

MARÍA   No son horas de ponerte triste. (*Animosa.*) Trae el azahar. (*La* NOVIA *tira el azahar.*) ¿Qué castigo pides tirando la corona al suelo? ¡Levanta esa frente! ¿Es que no te quieres casar? Dilo. Todavía te puedes arrepentir.

(*Se levanta.*)

NOVIA   Son nublos. Un mal aire en el centro. ¿Quién no lo tiene?

MARÍA   Tú quieres a tu novio.

NOVIA   Lo quiero.

MARÍA   Sí, sí, estoy segura.

NOVIA   Pero este es un paso muy grande.

MARÍA   Hay que darlo.

NOVIA   Ya me he comprometido.

MARÍA   Te voy a poner la corona.

NOVIA   (*Se sienta.*) Date prisa, que ya deben ir llegando. (*Se oyen unos aldabonazos.*) ¡Abre! Deben ser los primeros convidados.

(*Sale.* MARÍA *abre sorprendida.*).

MARÍA   ¿Tú?

Leonardo Yo. Buenos días.

María ¡El primero!

Leonardo ¿No me han convidado?

María Sí.

Leonardo Por eso vengo.

María ¿Y tu mujer?

Leonardo Yo vine a caballo. Ella se acercaba por el camino.

María ¿No te has encontrado a nadie?

Leonardo Los pasé con el caballo.

María Vas a matar al animal con tanta carrera.

Leonardo ¡Cuando se muera, muerto está!

(*Pausa.*)

María Siéntate. Todavía no se ha levantado nadie.

Leonardo ¿Y la novia?

María Ahora mismo la voy a vestir.

Leonardo ¡La novia! ¡Estará contenta!

MARÍA   (*Cambiando de conversación.*) ¿Y el niño?

LEONARDO   ¿Cuál?

MARÍA   Tu hijo.

LEONARDO   (*Recordando como soñoliento.*) ¡Ah!

MARÍA   ¿Lo traen?

LEONARDO   No. (*Pausa.*) ¿La novia llevará una corona grande, no? No debía ser tan grande. Un poco más pequeña le sentaría mejor. ¿Y trajo ya el novio el azahar que se tiene que poner en el pecho?

NOVIA   (*Apareciendo todavía en enaguas y con la corona de azahar puesta.*) Lo trajo.

MARÍA   (*Fuerte.*) No salgas así.

NOVIA   ¿Qué más da? (*Seria.*) ¿Por qué preguntas si trajeron el azahar? ¿Llevas intención?

LEONARDO   Ninguna. ¿Qué intención iba a tener? (*Acercándose.*) Tú, que me conoces, sabes que no la llevo. Dímelo. ¿Quién he sido yo para ti? Abre y refresca tu recuerdo. Pero dos bueyes y una mala choza son casi nada. Esa es la espina.

NOVIA   ¿A qué vienes?

LEONARDO   A ver tu casamiento.

NOVIA   ¡También yo vi el tuyo!

LEONARDO   Amarrado por ti, hecho con tus dos manos. A mí me pueden matar, pero no me pueden escupir. Y la plata, que brilla tanto, escupe algunas veces.

NOVIA   ¡Mentira!

LEONARDO   No quiero hablar, porque soy hombre de sangre y no quiero que todos estos cerros oigan mis voces.

NOVIA   Las mías serían más fuertes.

MARÍA   Estas palabras no pueden seguir. Tú no tienes que hablar de lo pasado.

             (MARÍA *mira a la puerta presa de inquietud.*).

NOVIA   Tiene razón. Yo no debo hablarte siquiera. Pero se me calienta el alma de que vengas a verme y atisbar mi boda y preguntes con intención por el azahar. Vete y espera a tu mujer en la puerta.

LEONARDO   ¿Es que tú y yo no podemos hablar?

MARÍA   (*Con rabia.*) No; no podéis hablar.

LEONARDO   Después de mi casamiento he pensado noche y día de quién era la culpa, y cada vez que pienso sale una culpa nueva que se come a la otra; ¡pero siempre hay culpa!

NOVIA   Un hombre con su caballo sabe mucho y puede mucho para poder estrujar a una muchacha metida en un desierto. Pero yo tengo orgullo. Por eso me caso. Y me encerraré con mi marido, a quien tengo que querer por encima de todo.

LEONARDO   El orgullo no te servirá de nada.

(*Se acerca.*)

NOVIA   ¡No te acerques!

LEONARDO   Callar y quemarse es el castigo más grande que nos podemos echar encima. ¿De qué me sirvió el orgullo y el no mirarte y el dejarte despierta noches y noches? ¡De nada! ¡Sirvió para echarme fuego encima! Porque tú crees que el tiempo cura y que las paredes tapan, y no es verdad, no es verdad. ¡Cuando las cosas llegan a los centros, no hay quien las arranque!

NOVIA   (*Temblando.*) No puedo oírte. No puedo oír tu voz. Es como si me bebiera una botella de anís y me durmiera en una colcha de rosas. Y me arrastra, y sé que me ahogo, pero voy detrás.

MARÍA   (*Cogiendo a* LEONARDO *por las solapas.*) ¡Debes irte ahora mismo!

LEONARDO   Es la última vez que voy a hablar con ella. No temas nada.

NOVIA   Y sé que estoy loca y sé que tengo el pecho podrido de aguantar, y aquí estoy quieta por oírlo, por verlo menear los brazos.

LEONARDO   No me quedo tranquilo si no te digo estas cosas. Yo me casé. Cásate tú ahora.

MARÍA   (*A* LEONARDO.) ¡Y se casa!

NOVIA   ¡Despierte la novia!

(*Sale corriendo a su cuarto.*)

MARÍA   Ya está aquí la gente. (*A* LEONARDO.) No te vuelvas a acercar a ella.

LEONARDO   Descuida.

(*Sale.*)

Escena 8
Cotillas

Los invitados van llegando a la boda. Martirio,
Angustias *y* Bernarda *están recibiendo a los
invitados. Cuando ven a* Yerma *y a* Juan *coti-
llean sobre ellos.*

Martirio   A mí no me gusta hablar. Pero aquí se habla.

Bernarda   Y no hay mal en ello. La que quiera honra que
la gane.

Martirio   Anteanoche, ella la pasó sentada en el tranco,
a pesar del frío.

Angustias   Pero ¿por qué?

Martirio   Le cuesta trabajo estar en su casa. Estas macho-
rras son así: cuando podían estar haciendo encajes o confitura de manzana, les gusta subirse
al tejado y andar descalzas por esos ríos.

Angustias   ¿Quién eres tú para decir estas cosas? Ella no
tiene hijos, pero no es por culpa suya.

Bernarda   Tiene hijos la que quiere tenerlos. Es que las
regalonas, las flojas, las endulzadas no son a
propósito para llevar el vientre arrugado.

(*Ríen.*)

MARTIRIO   Y se echan polvos de blancura y colorete en busca de otro que no es su marido.

ANGUSTIAS   Pero ¿vosotras la habéis visto con otro?

MARTIRIO   Nosotras, no; pero las gentes, sí.

BERNARDA   ¡Siempre las gentes!

ANGUSTIAS   ¿Y qué hacían?

MARTIRIO   Hablaban.

ANGUSTIAS   Hablar no es pecado.

BERNARDA   Hay una cosa en el mundo que es la mirada. Mi madre lo decía. No es lo mismo una mujer mirando unas rosas que una mujer mirando los muslos de un hombre. Ella lo mira.

ANGUSTIAS   ¿Y el marido?

MARTIRIO   El marido está como sordo. Parado, como un lagarto puesto al sol.

ANGUSTIAS   Todo se arreglaría si tuvieran criaturas.

BERNARDA   Él tiene la culpa; ¡él! Cuando un padre no da hijos debe cuidar de su mujer.

MARTIRIO   La culpa es de ella que tiene por lengua un pedernal.

ANGUSTIAS   ¿Qué demonio se te ha metido entre los cabellos para que hables así?

MARTIRIO   ¿Y quién ha dado licencia a tu boca para que me des consejos?

BERNARDA   ¡A callar! ¡Y a trabajar!

Escena 9
La adopción

Entran Yerma *y* Juan *discutiendo a la boda.*

JUAN   Para vivir en paz se necesita estar tranquilo.

YERMA   ¿Y tú lo estás?

JUAN   No lo estoy. Tú sales demasiado. ¡Tengo motivos para estar alerta!

YERMA   Alerta, ¿de qué? En nada te ofendo. Vivo sumisa a ti, y lo que sufro lo guardo pegado a mis carnes. Y cada día que pase será peor. Vamos a callarnos. Yo sabré llevar mi cruz como mejor pueda.

JUAN   Hablas de una manera que yo no te entiendo. No te privo de nada. Yo tengo mis defectos, pero quiero tener paz y sosiego contigo. ¿Es que te falta algo? Dime. ¡Contesta!

YERMA   (*Con intención y mirando fijamente al marido.*) Sí, me falta.

            (*Pausa.*)

JUAN

Siempre lo mismo. Hace ya más de cinco años. Yo casi lo estoy olvidando.

YERMA

Pero yo no soy tú. Los hombres tienen otra vida: los ganados, los árboles, las conversaciones; las mujeres no tenemos más que esta de la cría y el cuidado de la cría.

JUAN

Todo el mundo no es igual. ¿Por qué no te traes un hijo de tu hermano? Yo no me opongo.

YERMA

No quiero cuidar hijos de otros. Me figuro que se me van a helar los brazos de tenerlos.

JUAN

Con ese achaque vives alocada. Estando a tu lado no se siente más que inquietud y desasosiego. En último caso, debes resignarte.

YERMA

Yo he venido a estas cuatro paredes para no resignarme. Cuando tenga la cabeza atada con un pañuelo para que no se me abra la boca, y las manos bien amarradas dentro del ataúd, en esa hora me habré resignado.

JUAN

Entonces, ¿qué quieres hacer?

YERMA

Yo no sé quién soy. Déjame andar y desahogarme. En nada te he faltado.

JUAN

No me gusta que la gente me señale.

YERMA

Hablar con la gente no es pecado.

JUAN   Pero puede parecerlo.

YERMA   Es una boda.

JUAN   Pues tengamos la boda en paz.

           (*Sale.*)

Escena 10
En autobús

> MARÍA y la NOVIA *salen. Están preparándose*
> *para ir a la iglesia.*

MARÍA   ¿Qué colonia te has echado?

NOVIA   ¡Ninguna!

> (*Ríen las dos. En ese momento llegan la* MUJER
> *y* LEONARDO.)

MUJER   (*Entra y besa a la* NOVIA.) ¡Salud! (*Hablan to-
            das con algazara.*)¡Estás guapísima! ¡Que ten-
            gas un día precioso, prima!

LEONARDO   (*Entrando como quien cumple un deber.*) La ma-
            ñana de casada la corona te ponemos.

MUJER   ¡Para que el campo se alegre con el agua de tu
            pelo!

NOVIA   Gracias. Pasadlo bien. Luego nos vemos.

> (*Salen la* NOVIA *y* MARÍA *que ha observado la*
> *escena casi sin respiración. Se quedan solos*
> LEONARDO *y su* MUJER.)

MUJER   Vamos.

LEONARDO   ¿A dónde?

MUJER   A la iglesia. Pero no vas en el caballo. Vienes conmigo.

LEONARDO   ¿En el bus?

MUJER   ¿Hay otra cosa?

LEONARDO   Yo no soy hombre para ir en autobús.

MUJER   Y yo no soy mujer para ir sin marido en un casamiento. ¡Que no puedo más!

LEONARDO   ¡Ni yo tampoco!

MUJER   ¿Por qué me miras así? Tienes una espina en cada ojo.

LEONARDO   ¡Vamos!

MUJER   No sé lo que pasa. Pero pienso y no quiero pensar. Una cosa sé. Yo ya estoy despachada. Pero tengo un hijo. Y otro que viene. Vamos andando. El mismo destino tuvo mi madre. Pero de aquí no me muevo. No me pienso ir, Leonardo. (*Suena la música. Hay una frase que la* MUJER *repite, dice algo relativo a estar feliz mirando al futuro. Llorando.*) «¡Acuérdate que sales como una estrella!». Así salí yo de mi casa también. Que me cabía todo el campo en la boca.

LEONARDO   (*Levantándose.*) Vamos.

MUJER   ¡Pero conmigo!

LEONARDO   Sí. (*Pausa.*) ¡Echa a andar!

(*Salen. Vuelve a sonar la música.*)

Escena 11
¿Por qué no ligas?

La Madre *y* Rosita *están preparadas para la boda.*)

MADRE   (*A la* Novia *y* María *cuando salen.*) ¡Que llevéis cuidado! No sea que tengamos mala hora.

MADRE   ¿También están esos aquí?

ROSITA   Son familia. ¡Hoy es día de perdones!

MADRE   Me aguanto, pero no perdono.

ROSITA   No quiero llevarte la contraria.

MADRE   ¿Pero es que conmigo no se puede hablar?

ROSITA   Se puede pero prefiero callarme.

(*Pausa.*)

MADRE   Aquí tendrás muchos pretendientes.

ROSITA   No me haga usted hablar, no me haga usted hablar, no me haga usted hablar…

MADRE	El matrimonio, la pareja, tampoco es para tanto. Llega un momento en que las personas que viven juntas muchos años hacen motivo de disgusto y de inquietud de las cosas mas pequeñas, para poner intensidad y afanes en lo que está definitivamente muerto. Con veinte años no se tienen conversaciones incómodas…
ROSITA	No. (*Irónica.*) Con veinte años se rompían los cristales…
MADRE	¿Por qué no estás contenta?
ROSITA	No sé.
MADRE	¿Cómo es eso?
ROSITA	Cuando no veo a la gente estoy contenta, pero como la tengo que ver…
MADRE	¡Claro! No me gusta la vida que llevas. Tienes que salir más. ¿Qué esperas, que te llegue ahí todo el rato?

(*Refiriéndose al teléfono móvil.*)

ROSITA	Pero es que en la calle noto cómo pasa el tiempo, y no quiero perder las ilusiones. No me apetece enterarme de cómo pasa el tiempo.
MADRE	¡Claro! Pero tú eres alegre. Yo sé que hay muchachos y hombres maduros enamorados de ti.

ROSITA   ¡Pero, tía! ¡Déjeme en paz! ¿Me meto yo en vuestra vida? ¡Dejadme hacer lo que me da la gana, hombre ya!

(*Suena un mensaje. Sale mirando el teléfono.*)

Escena 12
La envidia

MARÍA *se cruza con* YERMA. MARÍA *intenta evi-tarla.*

YERMA   ¡María! ¿por qué pasas sin saludar?

MARÍA   *(Pillada.)* ¡Como siempre lloras…!

YERMA   Tienes razón.

MARÍA   Me da tristeza que tengas envidia.

YERMA   No es envidia lo que tengo; es pobreza.

MARÍA   No te quejes.

YERMA   ¡Cómo no me voy a quejar cuando te veo a ti y a otras mujeres llenas por dentro de flores, y viéndome yo inútil en medio de tanta hermosura!

MARÍA   Pero tienes otras cosas. Si me oyeras podrías ser feliz.

YERMA   *(Le toca la tripa a* MARÍA.*)* Yo no debo tener manos de madre.

MARÍA   ¿Por qué me dices eso?

YERMA   Porque estoy harta. Porque estoy harta de tenerlas y no poder usarlas en cosa propia. Que estoy ofendida, ofendida y rebajada hasta lo último, viendo que los trigos apuntan, que las fuentes no cesan de dar agua y que paren las ovejas cientos de corderos, y las perras, y que parece que todo el campo puesto de pie me enseña sus crías tiernas mientras yo siento dos golpes de martillo aquí, en lugar de la boca de mi niño.

MARÍA   No me gusta lo que dices.

YERMA   Tú no tienes ni idea.

MARÍA   No te quiero decir lo que te digo siempre.

YERMA   Cada vez tengo más deseos y menos esperanzas.

MARÍA   Mala cosa. (*Pausa.*) Yo no tengo la culpa.

YERMA   Lo sé.

MARÍA   Al menos tú sí tienes aquí a tu marido.

    (*Sale* MARÍA. YERMA *recibe un mensaje. Es Víctor. Se va.* YERMA *se queda destruida.*)

Escena 13
El retrato

ADELA   ¡Qué calor!

MARTIRIO   Una boda entre llamaradas.

ADELA   Me gustaría poder tomarme una copita de algo.
             Así también para que se olvide de lo que nos
             muerde.

MARTIRIO   ¿Qué tienes tú que olvidar?

ADELA   Cada una sabe sus cosas.

MARTIRIO   (*Profunda.*) ¡Cada una!

ADELA   (*Acercándose.*) ¿Qué te pasa?

MARTIRIO   Me sienta mal el calor.

ADELA   ¿No es más que eso?

MARTIRIO   Estoy deseando que llegue noviembre, los días
             de lluvia, la escarcha, todo lo que no sea este
             verano interminable.

ADELA   Ya pasará y volverá otra vez.

MARTIRIO ¡Claro! (*Pausa.*) ¿A qué hora te dormiste anoche?

ADELA No sé. ¿Por qué?

MARTIRIO Por nada, pero me pareció oír gente en el corral.

ADELA ¿Sí?

MARTIRIO Muy tarde.

ADELA ¿Y no tuviste miedo?

MARTIRIO No. Ya lo he oído otras noches.

(*Silencio. Entra* ANGUSTIAS *furiosa.*)

ANGUSTIAS ¿Dónde está el retrato de Pepe que tenía yo debajo de mi almohada? ¿Quién de vosotras lo tiene?

MARTIRIO Ninguna.

ADELA Ni que Pepe fuera un san Bartolomé de plata. ¿Qué retrato?

ANGUSTIAS Una de vosotras me lo ha escondido. Estaba en mi cuarto y no está.

MARTIRIO ¿Y no se habrá escapado a medianoche al corral? A Pepe le gusta andar con la luna.

ANGUSTIAS ¡No me gastes bromas! Cuando venga se lo contaré. ¡Me gustaría saber cuál de vosotras lo tiene!

ADELA (*Mirando a* MARTIRIO.) ¡Alguna! ¡Todas menos yo!

MARTIRIO (*Con intención.*) ¡Desde luego!

(*Entra* BERNARDA *atraída por el jaleo.*)

BERNARDA ¡Qué escándalo es este en mitad de la boda y con el peso del calor! Se van a enterar todos.

ANGUSTIAS Me han quitado el retrato de mi novio.

BERNARDA (*Fiera.*) ¿Quién?, ¿quién?

ANGUSTIAS ¡Estas!

BERNARDA ¿Cuál de vosotras? (*Silencio.*) ¡Contestarme! (*Silencio. A* ANGUSTIAS.) ¿Estás segura?

ANGUSTIAS Sí.

BERNARDA ¿Lo has buscado bien?

ANGUSTIAS Sí, madre.

(*Todas están de pie en medio de un embarazoso silencio.*)

BERNARDA   Me hacéis, al final de mi vida, beber el veneno más amargo que una madre puede resistir.

MARTIRIO   Vale, lo tengo yo.

BERNARDA   (*A* MARTIRIO.) ¿Es verdad?

MARTIRIO   ¡Es verdad!

BERNARDA   (*Avanzando y golpeándola con el bastón.*) ¡Mala
puñalada te den, mosca muerta! ¡Sembradu-
ra de vidrios!

MARTIRIO   (*Fiera.*) ¡No me pegue usted, madre!

BERNARDA   ¡Todo lo que quiera!

MARTIRIO   ¡Si yo la dejo! ¿Lo oye? ¡Retírese usted!

ANGUSTIAS   (*Cogiendo a* BERNARDA.) ¡Déjela!, ¡por favor!

BERNARDA   Ni lágrimas te quedan en esos ojos.

MARTIRIO   No voy a llorar para darle gusto.

BERNARDA   ¿Por qué has cogido el retrato?

MARTIRIO   ¿Es que yo no puedo gastar una broma a mi
hermana? ¡Para qué otra cosa lo iba a querer!

ADELA   (*Saltando llena de celos.*) No ha sido broma,
que tú no has gustado jamás de juegos. Ha

sido otra cosa que te reventaba en el pecho por querer salir. Dilo ya claramente.

MARTIRIO   ¡Calla y no me hagas hablar, que si hablo se van a juntar las paredes unas con otras de vergüenza!

ADELA   ¡La mala lengua no tiene fin para inventar!

BERNARDA   ¡Adela!

MARTIRIO   ¡Otras hacen cosas más malas!

ADELA   Hasta que se pongan en cueros de una vez y se las lleve el río.

BERNARDA   ¡Perversa!

ANGUSTIAS   Yo no tengo la culpa de que Pepe el Romano se haya fijado en mí.

ADELA   ¡Por tus dineros!

ANGUSTIAS   ¡Madre!

BERNARDA   ¡Silencio!

MARTIRIO   Por tus marjales y tus arboledas.

BERNARDA   ¡Silencio digo! Yo veía la tormenta venir, pero no creía que estallara tan pronto. ¡Ay qué pedrisco de odio habéis echado sobre mi corazón!

Pero todavía no soy anciana y tengo cinco cadenas para vosotras y esta empresa levantada por mi padre para que ni las hierbas se enteren de mi desolación. ¡Fuera de aquí!

(*Salen todas a seguir trabajando en la boda.*)

Escena 14
Celebración

La MADRE *y* ROSITA *entran.* BERNARDA, ANGUS-
TIAS, MARTIRIO *y* ADELA *están esperando.*

MADRE   (*Entrando.*) ¡Por fin! ¿Somos las primeras?

MARTIRIO   No. Hace rato llegó Leonardo con su mujer. Corrieron como demonios. La mujer llegó muerta de miedo. Hicieron el camino como si hubieran venido a caballo.

BERNARDA   Ese busca la desgracia. No tiene buena sangre.

MADRE   ¿Qué sangre va a tener? La de toda su familia. Asesinos. Pero tú métete en tus cosas y ocúpate de tu casa que buena tienes aquí montada.

BERNARDA   ¿Me tienes que prevenir de algo?

MADRE   Bernarda, yo solo te digo: abre los ojos y verás.

BERNARDA   ¿Y verás qué?

MADRE   Siempre has sido lista. Has visto lo malo de la gente a cien leguas; muchas veces creí que adivinabas los pensamientos. Pero los hijos son los hijos. Ahora estás ciega.

BERNARDA   ¿A qué te refieres? ¿A Martirio?

MARTIRIO   ¡Madre!

BERNARDA   Calla.

MADRE   No, Bernarda: aquí pasa una cosa muy grande. Le has quitado la libertad a tus hijas, y eso…

BERNARDA   No creo que haya ninguna «cosa muy grande» que pase aquí. Aquí no pasa nada. ¡Eso quisieras tú! Y si pasara algún día, estate segura que no traspasaría las paredes.

ROSITA   ¡Vamos a dejarlo!

(*Pausa.*)

BERNARDA   Preparad las bandejas de canapés.

ANGUSTIAS   Están preparadas.

(*Salen* BERNARDA *y* ANGUSTIAS. *Entra la* MUJER *con* LEONARDO.)

MUJER   ¡Que sea para bien!

MADRE   Gracias.

LEONARDO   ¿Va a haber fiesta?

MADRE   Poca.

ANGUSTIAS ¡Ya están aquí!

(*Salen todos menos* ROSITA *y la* MADRE.)

MADRE En la frente de todos ellos yo no veo más que
la mano con que mataron lo que era mío. ¿No
te parezco loca?

ROSITA Hoy no es día para que te acuerdes de esas cosas. Vamos a celebrar.

(*Van entrando invitados en alegres grupos.*)

Escena 15
La mesa de las chicas. Empieza el baile

Entran a la mesa la Mujer *y* Leonardo. *Entra también* Yerma, María *y* Rosita.

MUJER   ¡Ay, María, qué vestido tan bonito!

MARÍA   ¿No es un poco exagerado?

ROSITA   ¡Ay, yo pienso que todo es poco! Dicen que los hombres se cansan de una si la ven siempre con el mismo vestido.

YERMA   ¿Tú por qué no te has casado nunca?

ROSITA   (*Disimula.*) Casarse está sobrevalorado. La mayoría de la gente solo se casa para tener hijos.

YERMA   ¡Ay si los pudiera tener yo sola!

MUJER   Está bien que los quieras tener, pero si no los tienes, ¿por qué ese ansia de ellos? Que no te critico, eh…

MARÍA   Pues mientras esperas disfruta del amor de tu marido.

YERMA   Ahí has dado en la llaga.

MUJER   Tu marido es bueno.

(*En ese momento* LEONARDO, *que está pasando de la conversación, se levanta y se va. La* MUJER *lo ve irse.*)

YERMA   Es bueno, es bueno. Ojalá fuera malo, pero no. Aunque a veces le siento la…

ROSITA   ¿La qué, mujer?

YERMA   … la cintura fría.

(*Todas se miran entre ellas.*)

ROSITA   Piensa que quizás tu marido también sufre.

YERMA   No sufre, lo que pasa es que él no ansía hijos.

MARÍA   No digas eso, mujer.

YERMA   Y es mi única salvación.

(*En ese momento entra* JUAN, *que las pilla hablando de él. Todas se quedan en silencio.*)

JUAN   ¿Ya estás hablando? (*Con rabia.*) ¡Si pudiera dar voces gritaría «dónde está mi honra»!

YERMA   ¡Si pudiera dar voces también las daría yo para que se enteraran de esta limpieza que me cubre!

JUAN   ¡No, eso no! Todo lo aguanto menos eso. No. Me engañas, me envuelves, y como soy un hombre que trabaja la tierra, no tengo ideas para tus astucias.

MUJER   ¡Juan!

JUAN   Vosotras ni palabra.

MUJER   Tu mujer no ha hecho nada malo.

JUAN   Lo está haciendo desde el mismo día de la boda. Mirándome con dos agujas, pasando las noches en vela con los ojos abiertos al lado mío y llenando de malos suspiros mis almohadas.

YERMA   ¡Cállate!

JUAN   Y yo no puedo más. Porque se necesita ser de bronce para ver a tu lado una mujer que te quiere meter los dedos dentro del corazón y que se sale de noche fuera de su casa, ¿en busca de qué? ¡Dime!, ¿buscando qué? Las calles están llenas de machos. En las calles no hay flores que cortar.

YERMA   No te dejo hablar ni una sola palabra... Ni una más. Te busco a ti. Te busco a ti.

JUAN   ¡Apártate!

YERMA   No me apartes y quiere conmigo.

JUAN   ¡Quita! ¡Déjame ya de una vez!

        (JUAN *sale dolido. El resto, todas, se quedan en*
        silencio. A partir de este momento se le ve a JUAN
        beber bastante a lo largo de la boda.)

MARÍA   Me voy a bailar.

MUJER   Te acompaño.

        (*Salen las dos.*)

Escena 16
Backstage

Durante el servicio, Bernarda *está con* Angustias *y* Martirio *y las interroga para saber si lo
que le ha dicho la* Madre *es verdad.*)

Bernarda   ¿A que hora se marchó anoche Pepe de aquí?

Martirio   A las cuatro y media, madre.

Bernarda   ¡A las cuatro y media!

Angustias   (*Saliendo.*) ¡Mentira!

Bernarda   (*A* Angustias.) ¡Habla!

Angustias   Pepe lleva más de una semana marchándose
a la una. Que dios me mate si miento.

Martirio   (*Saliendo.*) Yo también lo sentí marcharse a las
cuatro.

Bernarda   ¿Pero lo viste con tus ojos?

Martirio   No quise asomarme. ¿No habláis ahora por la
ventana del callejón?

Angustias   Yo hablo por la ventana de mi dormitorio.

(*En ese momento aparece* ADELA.)

MARTIRIO   Entonces...

BERNARDA   ¿Qué es lo que pasa aquí?

ADELA   Madre, no oiga usted a quien nos quiere per-
            der a todas.

BERNARDA   ¡Ya sabré enterarme! No se hable de este asun-
            to. A veces hay una ola de fango que levantan
            los demás para perdernos.

MARTIRIO   A mí no me gusta mentir.

ANGUSTIAS   Y algo habrá.

BERNARDA   No habrá nada. Nací para tener los ojos abier-
            tos. Ahora vigilaré sin cerrarlos ya hasta que
            me muera.

ANGUSTIAS   Yo tengo derecho a enterarme.

BERNARDA   Tú no tienes derecho más que a obedecer. ¡Vo-
            sotras, al patio!

Escena 17
El ramo

MADRE   (*A la* NOVIA.) ¿Qué piensas?

NOVIA   No pienso en nada.

MADRE   Las bendiciones pesan mucho.

           (*Se oyen guitarras.*)

NOVIA   Como plomo.

MADRE   (*Fuerte.*) Pero no han de pesar. Ligera como
           paloma debes ser.

NOVIA   ¿Se queda usted aquí, en el hotel, esta noche?

MADRE   No. Mi casa está sola.

NOVIA   ¡Debía usted quedarse!

           (*Interrumpen las mujeres la conversación para
           el momento de tirar el ramo de novia. Ahí están
           todas junto con las hermanas que están sirvien-
           do la boda.*)

MARÍA   Vamos a quitarle los alfileres. ¡Venga que tire
           el ramo la novia!

NOVIA   (*A la* MADRE.) Ahora vuelvo.

YERMA   ¡Que le caiga a Rosita!

MUJER   Eso, a Rosita.

ROSITA   Pero me queréis dejar en paz. Mira que sois pesadas.

(*La* NOVIA *tira el ramo y cae al suelo.* MARÍA *lo coge y se lo da a* ROSITA *que se enfada aún más. Todo en tono de broma y celebración.* ROSITA *lo tira al suelo.*)

Escena 18
Backstage 2

> Adela *va a recoger el ramo y llega* Martirio *y la agarra por el brazo.*

MARTIRIO   Agradece a la casualidad que no desaté mi lengua.

ADELA   También hubiera hablado yo.

MARTIRIO   ¿Y qué ibas a decir? ¡Querer no es hacer!

ADELA   Hace la que puede y la que se adelanta. Tú querías, pero no has podido.

MARTIRIO   No seguirás mucho tiempo.

ADELA   ¡Lo tendré todo!

MARTIRIO   Yo romperé tus abrazos.

ADELA   (*Suplicante.*) ¡Martirio, déjame!

MARTIRIO   ¡De ninguna!

ADELA   ¡Él me quiere para su casa!

MARTIRIO   ¡He visto cómo te abrazaba!

ADELA   Yo no quería. He sido como arrastrada por una
             maroma.

MARTIRIO   ¡Primero muerta!

Escena 19
Tensión máxima

Se quedan aparte la NOVIA *y la* MUJER. *El resto siguen con el baile y la celebración.*

MUJER   ¡Que seas feliz, prima! Aquí los dos; sin salir nunca y a levantar la casa. ¡Ojalá yo viviera también así de lejos!

NOVIA   ¿Por qué no compráis tierras? El monte es barato y los hijos se crían mejor.

MUJER   No tenemos dinero. ¡Y con el camino que llevamos!

NOVIA   Tu marido es un buen trabajador.

MUJER   Sí, pero le gusta volar demasiado. Ir de una cosa a otra. No es hombre tranquilo.

(*Aparece* MARÍA *que ha oído la conversación.*)

MARÍA   ¿No tomáis nada?

NOVIA   (*A la* MUJER.) ¿Quieres un gin tonic?

MUJER   No, no.

NOVIA   Mujer, un día es un día.

MUJER   No puedo.

             (*Se señala la tripa.*)

NOVIA   Ah, perdón.

             (*Pasa por allí* ADELA.)

MUJER   (*A* ADELA.) Perdona, ¿has visto a Leonardo?

ADELA   No, lo siento.

NOVIA   Debe estar con la gente.

MUJER   ¡Voy a ver!

             (*Sale la* MUJER.)

MARÍA   La boda es hermosa.

NOVIA   Me podías haber avisado.

MARÍA   Encima tendré yo la culpa.

NOVIA   ¿Y tú no bailas?

MARÍA   No hay quien me saque.

NOVIA   Pobrecita.

(MARÍA *se queda jodida y coge el micrófono para cantar un canción.*)

Escena 20
Karaoke

MARÍA *canta*. ROSITA y YERMA *apuran sus copas*.

ROSITA   ¿Tu marido?

YERMA   Ahí

ROSITA   ¿Qué hace?

YERMA   Bebe. ¡Ay!

ROSITA   Antes no he podido decirte nada, pero ahora
sí. La culpa es de tu marido, ¿lo oyes? Dicen
que toda su familia está hecha con saliva. En
cambio, tu gente no.

YERMA   Una maldición.

ROSITA   Tú tienes pies para marcharte de casa.

YERMA   ¿Para marcharme?

ROSITA   Búscate a otro.

YERMA   Calla, calla. ¡Yo no puedo ir a buscar! ¡Nunca
lo haría! ¿Dónde pones mi honra? ¿Por qué no
lo haces tú tanto que hablas y estás solterona?

ROSITA   Pues porque me he acostumbrado a vivir mu-
          chos años fuera de mí, pensando en cosas
          que estaban muy lejos, y ahora que estas co-
          sas ya no existen sigo dando vueltas y más
          vueltas por un sitio frío, buscando una sali-
          da que no he de encontrar nunca. Yo lo sa-
          bía todo. Sabía todo lo que pasaba en Tucu-
          mán. Si no lo hubiera sabido nadie más que
          yo… sus mensajes y sus mentiras habrían
          alimentado mis esperanzas como el primer
          día. Pero lo sabían todos y yo me encontra-
          ba señalada por un dedo que hacía ridícula
          mi modestia de prometida y daba un aire gro-
          tesco a mi abanico de soltera. Cada año que
          pasa es como una prenda íntima que arran-
          caran de mi cuerpo. Y hoy se casa una ami-
          ga y otra y otra, y mañana tiene un hijo y
          crece, y viene a enseñarme sus notas de exa-
          men, y hacen casas nuevas y canciones nue-
          vas, y yo igual, con el mismo temblor, igual;
          yo, lo mismo que siempre, cortando el mis-
          mo clavel, viendo las mismas nubes; y un día
          bajo al paseo y me doy cuenta de que no co-
          nozco a nadie; muchachas y muchachos me
          dejan atrás porque me canso, y uno dice:
          «ahí está la solterona»; y otro, hermoso, con
          la cabeza rizada, que comenta: «a esa ya no
          hay quien le clave el diente». Y yo lo oigo y
          no puedo gritar, sino «vamos adelante», con
          la boca llena de veneno y con unas ganas
          enormes de huir, de quitarme los zapatos,
          de descansar y no moverme más, nunca, de
          mi rincón.

YERMA   ¡Rosita! Ya soy vieja. Todo está acabado... y sin embargo, con toda la ilusión perdida, me acuesto, y me levanto con el más terrible de los sentimientos, que es el sentimiento de tener la esperanza muerta... Quiero huir, quiero no ver, quiero quedarme serena, vacía... ¿es que no tiene derecho una pobre mujer a respirar con libertad? Y sin embargo la esperanza me persigue, me ronda, me muerde; como un lobo moribundo que apretase sus dientes por última vez. Soy como soy. Y no me puedo cambiar. Ahora lo único que me queda es mi dignidad. Lo que tengo por dentro lo guardo para mí sola. Hay cosas que no se pueden decir porque no hay palabras para decirlas; y si las hubiera, nadie entendería su significado. Me entendéis si pido pan y agua y hasta un beso, pero nunca me podríais ni entender, ni quitar esta mano oscura que no sé si me hiela o me abrasa el corazón, cada vez que me quedo sola. Yo sé que los ojos los tendré siempre jóvenes, y sé que la espalda se me irá curvando cada día. Después de todo, lo que me ha pasado le ha pasado a mil mujeres.

(MARÍA *acaba la canción. Baja del escenario y se acerca a la* NOVIA.)

NOVIA   (*Con gran sobresalto.*) ¡Quita!

MARÍA   ¿Te asustas de mí?

NOVIA   ¡Ay! ¿Eras tú?

MARÍA   ¿Quién iba a ser?

(*Pausa.*)

NOVIA   Nadie.

MARÍA   ¿No cantas?

NOVIA   Sí, pero déjame... Luego.

MARÍA   ¿Qué tienes? ¡Estás como asustada!

NOVIA   No tengo nada. No te vayas.

(*Entra la* MUJER *de* LEONARDO.)

MUJER   No quiero interrumpir.

NOVIA   Dime.

MUJER   ¿Pasó por aquí mi marido?

MARÍA   No.

MUJER   Es que no lo encuentro, y el caballo no está tampoco en el establo.

MARÍA   (*Disimulando.*) Debe estar dándole una carrera.

MUJER   Ya.

(*Se va la* MUJER *inquieta.*)

NOVIA   ¡Tengo como un golpe en las sienes!

MARÍA   Vamos un rato al baile.

NOVIA   (*Angustiada.*) No. Quisiera echarme en la cama un poco.

MARÍA   Voy contigo.

NOVIA   ¡Nunca! ¿Con toda la gente aquí? ¿Qué dirían? Déjame sosegar un momento. A la noche estaré mejor.

MARÍA   Como quieras.

(*La* NOVIA *se va,* MARÍA *se queda con* YERMA *escuchando a la* MUJER *que sube al escenario a cantar. Cuando acaba sale buscando a* LEONARDO *que ha desaparecido. Entran* BERNARDA, ANGUSTIAS, ADELA *y* MARTIRIO.)

BERNARDA   Ya hemos acabado el servicio. Buen trabajo.

ADELA   Voy a salir a estirar las piernas y tomar el fresco.

MARTIRIO   Voy contigo.

(*Salen* ADELA *y* MARTIRIO.)

BERNARDA   Ya te he dicho que quiero que hables con tu hermana Martirio. Lo que pasó del retrato fue una broma y lo debes olvidar.

Angustias Usted sabe que ella no me quiere.

Bernarda Cada uno sabe lo que piensa por dentro. Yo no me meto en los corazones, pero quiero buena fachada y armonía familiar. ¿Lo entiendes?

Angustias Sí.

Bernarda Pues ya está. ¿A qué hora terminaste anoche de hablar?

Angustias A las doce y media.

Bernarda ¿Qué cuenta Pepe?

Angustias Yo lo encuentro distraído. Me habla siempre como pensando en otra cosa. Si le pregunto qué le pasa, me contesta: «los hombres tenemos nuestras preocupaciones».

Bernarda No le debes preguntar. Y cuando te cases, menos. Habla si él habla y míralo cuando te mire. Así no tendrás disgustos.

Angustias Yo creo, madre, que él me oculta muchas cosas.

Bernarda Procura no descubrirlas, no le preguntes y, desde luego, que no te vea llorar jamás.

Angustias Debía estar contenta y no lo estoy.

Bernarda Eso es lo mismo.

ANGUSTIAS   Muchas noches miro a Pepe con mucha fije-
za y se me borra a través de los hierros, como
si lo tapara una nube de polvo de las que le-
vantan los rebaños.

BERNARDA   Eso son cosas de debilidad.

ANGUSTIAS   ¡Ojalá!

BERNARDA   ¿Viene esta noche?

ANGUSTIAS   No. Fue con su madre a la capital.

BERNARDA   Así nos acostaremos antes.

(BERNARDA y ANGUSTIAS *se van. Aparecen* ADE-
LA *y* MARTIRIO.)

ADELA   ¡Qué noche más oscura! No se ve a dos pasos
de distancia.

MARTIRIO   Una buena noche para ladrones, para el que
necesite escondrijo.

ADELA   Tiene el cielo unas estrellas como puños.

MARTIRIO   Si te pones a mirarlas se te va a tronchar el
cuello.

ADELA   ¿Es que no te gustan a ti?

MARTIRIO   A mí las cosas de tejas arriba no me importan nada. Con lo que pasa dentro de las habitaciones tengo bastante.

ADELA   Así te va a ti.

(*Aparece* ANGUSTIAS *que va a despedirse de ellas.*)

ANGUSTIAS   Buenas noches.

ADELA   ¿Ya te acuestas?

ANGUSTIAS   Sí; esta noche no viene Pepe.

(*Sale.*)

MARTIRIO   Buenas noches.

ADELA   ¡Qué noche más hermosa! Me gustaría quedarme hasta muy tarde para disfrutar el fresco del campo.

MARTIRIO   Pero hay que acostarse. Buenas noches.

(ADELA *y* MARTIRIO *se van.* ROSITA *se despide de la* MADRE *que se está yendo a su casa.*)

ROSITA   ¿Usted se va a ir?

MADRE   Sí. Yo tengo que estar en mi casa.

ROSITA   Sola.

MADRE   Sola no. Que tengo la cabeza llena de cosas y de hombres y de luchas.

ROSITA   Pero luchas que ya no son luchas.

MADRE   Mientras una vive, lucha.

             (*Aparece* BERNARDA *antes de que la* MADRE *salga.*)

BERNARDA   ¿Ya te vas?

MADRE   ¿Estás todavía aquí?

BERNARDA   Disfrutando del trabajo bien hecho y sin lograr ver por parte alguna «la cosa tan grande» que aquí pasa, según tú.

MADRE   Bernarda, yo no quiero hablar. Pero no estés tan segura.

BERNARDA   ¡Segurísima!

MADRE   ¡A lo mejor de pronto cae un rayo! A lo mejor de pronto, un golpe de sangre te para el corazón.

BERNARDA   Aquí no pasará nada. Ya estoy alerta contra tus suposiciones.

MADRE   Pues mejor para ti.

BERNARDA   ¡No faltaba más!

MADRE   Me voy a mi casa.

BERNARDA   Y yo voy a descansar. Esta noche voy a dor-
             mir bien.

             (*En ese momento entra corriendo la* MUJER.)

MUJER   ¡Han huido! ¡Han huido como una exhala-
             ción! Ella y Leonardo. En el caballo. ¡Iban
             abrazados!

             (*Todos reaccionan y se forma un revuelo enor-
             me. Salen corriendo* MARÍA *y* ROSITA. *La* MUJER
             y YERMA *se quedan paralizadas.*)

MADRE   Planta de mala madre, y él, también él. ¡Pero
             ella ya es la mujer de mi hijo! ¿Quién tiene
             un caballo? Que le daré todo lo que tengo.
             ¡Andad! ¡Detrás! Ha llegado otra vez la hora
             de la sangre.

             (*Sale la* MADRE.)

TERCERA PARTE
El final siempre es la muerte
Escena 21
El fuego

Aparecen LEONARDO y *la* NOVIA.

LEONARDO ¡Calla!

NOVIA Desde aquí yo me iré sola. ¡Vete! Quiero que te vuelvas.

LEONARDO ¡Calla, digo!

NOVIA ¡Ay, qué lamento, qué fuego me sube por la cabeza! ¡Qué vidrios se me clavan en la lengua!

LEONARDO Ya dimos el paso; ¡calla!, porque nos persiguen cerca y te he de llevar conmigo.

NOVIA ¡Pero ha de ser a la fuerza!

LEONARDO ¿A la fuerza? ¿Quién bajó primero las escaleras?

NOVIA Yo las bajé.

LEONARDO ¿Quién le puso al caballo bridas nuevas?

NOVIA Yo misma. Verdad.

LEONARDO ¿Y qué manos me calzaron las espuelas?

NOVIA Estas manos, que son tuyas. ¡Te quiero! ¡Aparta!

LEONARDO ¡Qué vidrios se me clavan en la lengua! Porque yo quise olvidar y puse un muro de piedra entre tu casa y la mía. Pero montaba a caballo y el caballo iba a tu puerta. Con alfileres de plata mi sangre se puso negra, y el sueño me fue llenando las carnes de mala hierba. Que yo no tengo la culpa, que la culpa es de la tierra y de ese olor que te sale de los pechos y las trenzas.

NOVIA ¡Ay qué sinrazón! No quiero contigo cama ni cena, y no hay minuto del día que estar contigo no quiera, porque me arrastras y voy, y me dices que me vuelva y te sigo por el aire como una brizna de hierba. Para ti será el castigo y no quiero que lo sea. ¡Déjame sola! ¡Huye tú! No hay nadie que te defienda.

LEONARDO ¡Vamos!

NOVIA ¿Adónde me llevas?

LEONARDO Adonde no puedan ir estos hombres que nos cercan. ¡Donde yo pueda mirarte!

NOVIA ¿Oyes?

LEONARDO Viene gente.

NOVIA   ¡Huye!.

LEONARDO   Cállate. Ya suben.

NOVIA   ¡Vete!

LEONARDO   Silencio. Que no nos sientan. Tú delante. ¡Vamos, digo!

NOVIA   ¡Los dos juntos!

LEONARDO   (*Abrazándola.*) ¡Como quieras! Si nos separan, será porque esté muerto.

NOVIA   Y yo muerta.

            (*Salen abrazados.*)

Escena 22
El suicidio

Sale Martirio *buscando a* Adela.

MARTIRIO   (*En voz baja.*) Adela. (*Pausa. Avanza hasta la misma puerta. En voz alta.*) ¡Adela!

(*Aparece* Adela *un poco despeinada.*)

ADELA   ¿Por qué me buscas?

MARTIRIO   ¡Deja a ese hombre!

ADELA   ¿Quién eres tú para decírmelo?

MARTIRIO   No es ese el sitio de una mujer honrada.

ADELA   ¡Con qué ganas te has quedado de ocuparlo!

MARTIRIO   (*En voz más alta.*) Ha llegado el momento de que yo hable. Esto no puede seguir.

ADELA   Esto no es más que el comienzo. He tenido fuerzas para adelantarme. El brío y el mérito que tú no tienes. He visto la muerte debajo de estos techos y he salido a buscar lo que era mío, lo que me pertenecía.

MARTIRIO   Ese hombre sin alma vino por otra. Tú te has atravesado.

ADELA   Vino por el dinero, pero sus ojos los puso siempre en mí.

MARTIRIO   Yo no permitiré que lo arrebates. Él se casará con Angustias.

ADELA   Sabes mejor que yo que no la quiere.

MARTIRIO   Lo sé.

ADELA   Sabes, porque lo has visto, que me quiere a mí.

MARTIRIO   (*Desesperada.*) Sí.

ADELA   (*Acercándose.*) Me quiere a mí, me quiere a mí.

MARTIRIO   Clávame un cuchillo si es tu gusto, pero no me lo digas más.

ADELA   Por eso procuras que no vaya con él. No te importa que abrace a la que no quiere; a mí, tampoco. Ya puede estar cien años con Angustias, pero que me abrace a mí se te hace terrible, porque tú lo quieres también; ¡lo quieres!

MARTIRIO   (*Dramática.*) ¡Sí! Déjame decirlo con la cabeza fuera de los embozos. ¡Sí! Déjame que el pecho se me rompa como una granada de amargura. ¡Lo quiero!

ADELA   (*En un arranque y abrazándola.*) Martirio, Martirio, yo no tengo la culpa.

MARTIRIO   ¡No me abraces! no quieras ablandar mis ojos. Mi sangre ya no es la tuya, y aunque quisiera verte como hermana, no te miro ya más que como mujer.

(*La rechaza.*)

ADELA   Aquí no hay ningún remedio. La que tenga que ahogarse que se ahogue. Pepe el Romano es mío. Él me lleva a los juncos de la orilla.

MARTIRIO   ¡No será! Eso no pasará mientras yo tenga una gota de sangre en el cuerpo.

ADELA   No a ti, que eres débil. A un caballo encabritado soy capaz de poner de rodillas con la fuerza de mi dedo meñique.

MARTIRIO   No levantes esa voz que me irrita. Tengo el corazón lleno de una fuerza tan mala, que sin quererlo yo, a mí misma me ahoga.

ADELA   Nos enseñan a querer a las hermanas. Dios me ha debido dejar sola en medio de la oscuridad, porque te veo como si no te hubiera visto nunca.

(ADELA *intenta irse pero* MARTIRIO *se le pone delante.*)

MARTIRIO   ¿Dónde vas?

ADELA   ¡Quítate de la puerta!

MARTIRIO   ¡Pasa si puedes!

ADELA   ¡Aparta!

MARTIRIO   (*A voces.*) ¡Madre, madre!

ADELA   ¡Déjame!

(*Sale* BERNARDA *medio en pijama.*)

BERNARDA   Quietas, quietas. ¡Qué pobreza la mía no poder tener un rayo entre los dedos!

MARTIRIO   (*Señalando a* ADELA.) ¡Estaba con él! ¡Mira esos pelos llenos de paja de trigo!

BERNARDA   ¡Esa es la cama de las mal nacidas!

(*Se dirige furiosa hacia* ADELA.)

ADELA   (*Haciéndole frente.*) ¡Aquí se acabaron las voces de presidio! (ADELA *empuja a* BERNARDA.) Esto hago yo con la carcelera. No dé usted un paso más. ¡En mí no manda nadie más que Pepe!

(*Sale* ANGUSTIAS.)

ANGUSTIAS   ¡Adela!

ADELA   Yo soy su mujer. Entérate tú y ve al corral a decírselo. Ahí fuera está, respirando como si fuera un león.

ANGUSTIAS   ¡Dios mío!

BERNARDA   ¡La escopeta! ¿Dónde está la escopeta?

(*Sale* BERNARDA *corriendo.*)

ADELA   ¡Nadie podrá conmigo!

(*Intenta salir pero* ANGUSTIAS *la sujeta.*)

ANGUSTIAS   De aquí tú no sales con tu cuerpo en triunfo, ¡ladrona!, ¡deshonra de nuestra casa!

(*Suena un disparo. Entran* BERNARDA *y* MARTIRIO *que han salido a buscar a Pepe el Romano. Entran también* YERMA *y la* MUJER *que se habían quedado en la celebración a la espera de lo que pasaba con la* NOVIA *y* LEONARDO.)

BERNARDA   Atrévete a buscarlo ahora.

MARTIRIO   Se acabó Pepe el Romano.

ADELA   ¡Pepe! ¡Dios mío! ¡Pepe!

(ADELA *sale corriendo.*)

MUJER   ¿Pero, lo habéis matado?

MARTIRIO   ¡No! ¡Salió corriendo en la jaca!

BERNARDA   Fue culpa mía. Una mujer no sabe apuntar.

MUJER   ¿Por qué lo has dicho entonces?

MARTIRIO   ¡Por ella! ¡Hubiera volcado un río de sangre sobre su cabeza!

(Se oye como un golpe. ANGUSTIAS *sale corriendo hacia donde se fue* ADELA.*)*

ANGUSTIAS   ¡Adela! ¡Adela! ¡Abre!

BERNARDA   No creas que las huidas defienden de la vergüenza.

*(*ANGUSTIAS *grita y todas se acercan a mirar, menos* BERNARDA *que se queda y entiende lo que ha ocurrido.* ADELA *se ha tirado por la ventana. Al volver a entrar la* MUJER *frena a* BERNARDA.*)*

MUJER   ¡No entres!

BERNARDA   No. ¡Yo no! Pepe; tú irás corriendo vivo por lo oscuro de las alamedas, pero otro día caerás. ¡Recogedla del suelo! ¡Mi hija ha muerto virgen! Llevadla a su cuarto y vestirla como si fuera doncella. ¡Nadie dirá nada! ¡Ella ha muerto virgen!

MARTIRIO   Dichosa ella mil veces que lo pudo tener.

BERNARDA   Y no quiero llantos. La muerte hay que mirar-
la cara a cara. ¡Silencio!

Escena 23
La rabia

Hay una pausa. Se quedan en escena BERNARDA, *la* MUJER *y* YERMA.

MUJER   Quiero volver para saberlo todo.

YERMA   (*Enérgica.*) Tú, a tu casa. Valiente y sola en tu casa. A envejecer y a llorar. Pero la puerta cerrada. Nunca más Leonardo. Ni muerto ni vivo.

MUJER   ¿Qué habrá pasado?

YERMA   No importa. Échate un velo en la cara. Tus hijos son hijos tuyos nada más.

               (*En ese momento entran* MARÍA *y* JUAN *que vienen de donde se han escapado todos antes.*)

MUJER   ¿Qué ha pasado?

MARÍA   ¡Ay, mujer! ¡Lo siento mucho! Se han matado…

MUJER   ¿Muertos?

MARÍA   Muertos los dos, sí, muertos.

(*La* MUJER *se queda encajando la noticia.* MA-
RÍA *la consuela.* YERMA *se queda mirando a* JUAN.)

YERMA   ¿Qué me miras así?

JUAN   Es hora también de que yo hable.

YERMA   ¡Habla!

JUAN   Y que me queje.

YERMA   ¿Con qué motivos?

JUAN   Que tengo el amargor en la garganta.

YERMA   Y yo en los huesos.

JUAN   Ha llegado el último minuto de resistir este
           continuo lamento por cosas oscuras, fuera de
           la vida, por cosas que están en el aire.

YERMA   ¿Fuera de la vida, dices? ¿En el aire, dices?

JUAN   Por cosas que no han pasado y ni tú ni yo di-
           rigimos.

YERMA   (*Violenta.*) ¡Sigue! ¡Sigue!

JUAN   Por cosas que a mí no me importan. ¿Lo oyes?
           Que a mí no me importan. Ya es necesario que
           te lo diga. A mí me importa lo que tengo en-
           tre las manos. Lo que veo por mis ojos.

YERMA   Así, así. Eso es lo que yo quería oír de tus la-
         bios. ¡No te importa! ¡Ya lo he oído!

JUAN   Piensa que tenía que pasar así. Óyeme. (*La
         abraza.*) Muchas mujeres serían felices de lle-
         var tu vida. Sin hijos es la vida más dulce. Yo
         soy feliz no teniéndolos. No tenemos culpa
         ninguna.

YERMA   ¿Y qué buscabas en mí?

JUAN   A ti misma.

YERMA   ¡Eso! Buscabas la casa, la tranquilidad y una
         mujer. Pero nada más. ¿Es verdad lo que digo?

JUAN   Es verdad. Como todos.

YERMA   ¿Y lo demás? ¿Y tu hijo?

JUAN   (*Fuerte.*) ¿No oyes que no me importa? ¡No
         me preguntes más! ¡Que te lo tengo que gri-
         tar al oído para que lo sepas, a ver si de una
         vez vives ya tranquila!

YERMA   ¿Y nunca has pensado en él cuando me has
         visto desearlo?

JUAN   Nunca.

YERMA   ¿Y no podré esperarlo?

JUAN   No.

YERMA   ¿Ni tú?

JUAN   Ni yo tampoco. ¡Resígnate!

YERMA   ¡Marchita!

JUAN   Y a vivir en paz. Uno y otro, con suavidad, con agrado. ¡Abrázame!

YERMA   ¿Qué buscas?

JUAN   A ti te busco. Con la luna estás hermosa.

YERMA   Me buscas como cuando te quieres comer una paloma.

JUAN   Bésame..., así.

YERMA   Eso nunca, nunca. (YERMA *da un grito y empuja a* JUAN *que con la borrachera cae de espaldas y se golpea la cabeza con el suelo. Entran rápido a ver que ha pasado* ANGUSTIAS *y* MARTIRIO. *La* MUJER *va a socorrerlo y comprueba que está muerto.*) Marchita. Marchita, pero segura. Ahora sí que lo sé de cierto. Y sola.

MUJER   Yerma...

YERMA   ¿Qué quieres saber? No te acerques porque he matado a mi hijo, ¡yo misma he matado a mi hijo!

Escena 24
Rencor

En ese momento entra la Madre *acompañada
de* Rosita. *Destrozadas.*

Madre   Calla.

Rosita   No puedo.

Madre   ¿Te quieres callar? No quiero llantos en esta
         casa. Vuestras lágrimas son lágrimas de los
         ojos nada más, y las mías vendrán cuando yo
         esté sola, de la planta de mis pies, de mis raí-
         ces, y serán más ardientes que la sangre.

Rosita   Vente a mi casa; no te quedes aquí.

Madre   Aquí, aquí quiero estar. Y tranquila. Ya todos
         están muertos. A media noche dormiré, dor-
         miré sin que ya me aterren la escopeta o el cu-
         chillo. Otras madres se asomarán a las venta-
         nas, azotadas por la lluvia, para ver el rostro
         de sus hijos.

         (*En ese momento entra* Bernarda.)

Rosita   Ten caridad de ti misma.

MADRE   (*Echándose el pelo hacia atrás.*) He de estar serena.

(*Entra la* Novia.)

ROSITA   ¿Dónde vas?

NOVIA   Aquí vengo.

MADRE   ¿Quién es?

ROSITA   ¿No la reconoces?

MADRE   Por eso pregunto quién es. Porque tengo que no reconocerla, para no clavar mis dientes en su cuello. ¡Víbora! (*Se dirige hacia la* Novia *con ademán fulminante; se detiene.*) ¿La ves? Está ahí, y está llorando, y yo quieta sin arrancarle los ojos. No me entiendo. ¿Será que yo no quería a mi hijo? Pero ¿y su honra? ¿Dónde está su honra?

(*Golpea a la* Novia. *Esta cae al suelo.*)

ROSITA   ¡Por dios!

(*Separa a la* Madre.)

NOVIA   Déjala; he venido para que me mate y que me lleven con ellos. (*A la* Madre.) ¡Déjala! Que quiero que sepa que yo soy limpia, que estaré loca, pero que me pueden enterrar sin que ningún hombre se haya mirado en la blancura de mis pechos.

MADRE   Calla, calla; ¿qué me importa eso a mí?

NOVIA   ¡Porque yo me fui con el otro, me fui! (*Con angustia.*) Tú también te hubieras ido. Yo era una mujer quemada, llena de llagas por dentro y por fuera. ¡Tu hijo era mi fin y yo no lo he engañado, pero el brazo del otro me arrastró como un golpe de mar, y me hubiera arrastrado siempre, siempre, siempre, aunque hubiera sido vieja y todos los hijos de tu hijo me hubiesen agarrado de los cabellos!

    (*Entra* ROSITA.).

MADRE   (*A todos.*) Ella no tiene la culpa, ¡ni yo! (*Sarcástica.*) ¿Quién la tiene, pues? ¡Floja, delicada, mujer de mal dormir es quien tira una corona de azahar para buscar un pedazo de cama calentado por otra mujer!

NOVIA   ¡Calla, calla! Véngate de mí; ¡aquí estoy! Mira que mi cuello es blando; te costará menos trabajo que segar una dalia de tu huerto. Pero ¡eso no! Honrada, honrada como una niña recién nacida. Y fuerte para demostrártelo. Enciende la lumbre. Vamos a meter las manos; tú, por tu hijo, yo, por mi cuerpo. Tú las retirarás antes.

MADRE   Pero ¿qué me importa a mí tu honradez? ¿Qué
                 me importa tu muerte? ¿Qué me importa a mí
                 nada de nada?

NOVIA   Déjame llorar contigo.

MADRE   Llora. Pero en la puerta.

                 (*Todos se quedan en silencio, encajando la si-
                 tuación, intentando entender qué ha pasado y
                 qué les espera por delante. Intentando entender
                 las muertes y lo que ha perdido cada una. Sue-
                 na la música.*)

                 Fin.

Esta primera edición de *La última noche y Lo(r)ca's*,
de Juan López-Tagle, terminó de imprimirse
en septiembre de dos mil veinticuatro,
en Madrid.